防波堤智能识别与健康监测系统研发与应用

陈松贵　赵洪波　胡杰龙　赵　旭　严　骏　编著

人民交通出版社
北　京

内 容 提 要

本书围绕港口工程建设中防波堤结构健康监测的关键问题，在如下几方面进行了研究：基于运动姿态监测传感器技术研究，研发 Smart Block 智能护面块体运动姿态监测装置，实现防波堤护面块体失稳的提前预报和实时监测；基于无人机 + 无人船一体化监测技术，实现多源数据融合，呈现防波堤整体结构的三维可视化模型；利用基于改进的深度学习目标识别技术，提高了防波堤护面块体分割精度，实现了防波堤护面块体损伤程度和损伤位置的智能评估。通过应用上述技术，最终形成具备远程监控、实时数据传输、失稳预报预警等功能的防波堤智能识别与健康监测系统，以有力支撑港口防波堤工程的智能化管理水平。

本书可供从事强浪海域防波堤工程安全智能监测的科研人员和港口、海岸及近海工程专业高校师生学习参考。

图书在版编目(CIP)数据

防波堤智能识别与健康监测系统研发与应用/陈松贵等编著. —北京：人民交通出版社股份有限公司，2024.5

ISBN 978-7-114-19522-8

Ⅰ.①防… Ⅱ.①陈… Ⅲ.①防波堤—防波装置—自动识别—研究 ②防波堤—防波装置—监测系统—研制—研究 Ⅳ.①U656.2

中国国家版本馆 CIP 数据核字(2024)第 088249 号

Fangbodi Zhineng Shibie yu Jiankang Jiance Xitong Yanfa yu Yingyong

书　　名：防波堤智能识别与健康监测系统研发与应用
著 作 者：陈松贵　赵洪波　胡杰龙　赵　旭　严　骏
责任编辑：崔　建
责任校对：赵媛媛
责任印制：刘高彤
出版发行：人民交通出版社
地　　址：(100011)北京市朝阳区安定门外外馆斜街 3 号
网　　址：http://www.ccpcl.com.cn
销售电话：(010)59757973
总 经 销：人民交通出版社发行部
经　　销：各地新华书店
印　　刷：北京武英文博科技有限公司
开　　本：720×960　1/16
印　　张：7.75
字　　数：138 千
版　　次：2024 年 5 月　第 1 版
印　　次：2024 年 5 月　第 1 次印刷
书　　号：ISBN 978-7-114-19522-8
定　　价：48.00 元

编 委 会

著 作 者：陈松贵　赵洪波　胡杰龙　赵　旭　严　骏

参与人员：陈汉宝　段自豪　高林春　王　洋　耿宝磊
阳志文　刘海源　孟祥玮　李　焱　戈龙仔
刘　针　张慈珩　徐亚男　沈文君　金瑞佳
周志博　杨会利　栾英妮　谭忠华　赵　鹏
黄美玲　管　宁　张亚敬　刘鸣洋　欧阳锡钰
朱颖涛　齐作达　亢戈霖　朱婷婷　王　昊
刘　波　彭　程　胡传琦　胡　克　马　隽
于　滨　王依娜　张　维　熊　岩

前　言

《中华人民共和国国民经济和社会发展第十四个五年规划和2035年远景目标纲要》中明确提出:"实施公共基础设施安全加固和自然灾害防治能力提升工程,提升洪涝干旱、森林草原火灾、地质灾害、气象灾害、地震等自然灾害防御工程标准。"我国是世界上遭受海洋灾害最严重的国家之一,根据1998—2017年历年计算,《中国海洋灾害公报》显示,近10年来由近岸台风大浪直接导致的防波堤、护岸等损毁长度达3000km。防波堤作为海港重要的防御工程,破坏后严重影响港口基础设施的安全有效运行,因而开展防波堤巡检,及时监测其结构健康状况具有重要的经济和社会意义。

2021年8月25日《交通运输部　科学技术部关于科技创新驱动加快建设交通强国的意见》(交科技发〔2021〕80号),提出强化基础设施可靠性设计建造理论、绿色智能融合基础理论、全寿命周期性能演化规律及致灾机理等应用基础研究;研发在役交通基础设施性能提升与扩能改建技术,突破全天候监测、智能化检测、自动化预警、无人化养护、快速化处置等技术与装备;推动基础设施数字化、网联化,实现重点领域交通感知网络全覆盖。2021年8月31日《交通运输部关于印发〈交通运输领域新型基础设施建设行动方案〉的通知》(交规划发〔2021〕82号),提出实施交通创新基础设施建设行动,加快交通基础设施长期性科学观测网建设,实施交通基础设施数字化工程;增强在役基础设施检测监测、评估预警能力。

目前防波堤结构健康监测多基于人工巡查及常规仪器所获信息来评估结构健康状况,其效率低、风险高,数据可靠性、全面性、时效性差,难以预测防波堤结构长期性能变化。

本书针对防波堤监测高效化、精准化、智能化的需求,基于智能护面块体、无人机摄影测量、无人船多波束扫测以及计算机深度学习等技术方法,研发典型防波堤智能识别与健康监测系统,主要研究成果如下:

(1)基于运动姿态监测传感器技术研究,研发 Smart Block 智能护面块体运动姿态监测装置,实现远程无线感知潮差区内浪溅区防波堤护面块体倾角、加速度、经纬度等信息,实时监测防波堤护面块体稳定状态,建立现场防波堤长期性能监测网。

(2)基于无人机+无人船一体化扫描技术,实现水上水下高精度点云数据无缝拼接,实时共享。基于无人机航空摄影测量技术巡检防波堤顶部结构,生成二维正射影像及三维数字表面模型,最终建立无人机+无人船一体监测技术,基于多元数据融合技术建立防波堤整体结构的三维可视化模型(实现“看得见”)。

(3)基于深度学习的防波堤护面块体智能识别技术,提出了基于边界信息引导的重叠场景模态分割方法,提高扭王字块分割精度,减少扭王字块的重复识别。在获得防波堤护面层扭王字块的分割结果后,利用提出的破坏区域监测算法来进一步识别防波堤的破坏区域,对防波堤护面块体损伤程度和损伤位置进行智能评估(实现“看得懂”)。

融合智能护面块体监测数据接收、无人机+无人船多源数据建模、深度学习识别破损部位等功能,形成数字化防波堤系统,实现防波堤智能识别和健康监测,为港口基础设施数字化维护提供技术支持。

本书的出版得到了国家重点研发计划项目(2022YFE0104500)的资助,得到了相关同事和领导的帮助和支持,在此表示衷心感谢!由于港口防波堤工程结构安全与稳定涉及多种评估方法,其智能识别与健康监测技术不限于书中所述。同时本书所述防波堤智能识别与健康监测未考虑对防波堤基础、胸墙等结构的监测,在未来系统升级中应加以考虑完善。

限于编者水平,本书如有错误和不足之处,敬请读者指正!

作　者

2024 年 3 月

目　　录

第1章　绪　　论

1.1　研究背景

作为港口基础设施的重要组成部分,防波堤能够防御波浪、冰凌、泥沙、水中激流等侵入港口区域,为港口提供一个安全稳定的掩蔽水域,从而保证港内船舶平稳工作,以及保护港内各种设施装备安全。防波堤工作环境比较恶劣,由风暴潮及近岸台风大浪直接导致的防波堤、护岸、海堤等海岸基础设施破坏案例屡见不鲜。以2017年8月23日强台风"天鸽"为例,仅广东省港口、渔港受损1座,码头损毁1.22km,防波堤损毁240.18km,海堤、护岸损毁532.08km。防波堤破坏不仅会造成巨大的经济损失,还将直接影响港口内工作人员的安全以及各种装备设施的正常运转,因此开展防波堤巡检,及时监测其结构健康状况具有重要经济和社会意义。

传统的防波堤安全评估技术主要以人工定性检测为主,客观性、整体性和持续性均存在较大不足,无法满足防波堤监测高效化、精准化、智能化的要求。本书基于智能护面块体、无人机摄影测量和无人船多波束扫测以及计算机深度学习等技术方法,研发防波堤智能识别与健康监测系统。首先通过内置动态定位定姿传感器开发一种防波堤智能护面块体 Smart Block,建立现场防波堤长期性能监测网;然后,基于无人机+无人船多元数据融合技术建立结构外形数字孪生模型(实现"看得见"),采用基于深度学习的目标识别技术对防波堤整体变形及局部护面块体损伤进行智能评估(实现"看得懂");最后融合智能护面块体监测数据接收、无人机+无人船多源数据建模、深度学习识别破损部位等功能,形成数字防波堤系统,实现防波堤智能识别和健康监测,为港口基础设施数字化维护提供技术支持。

1.2　国内外研究现状

1)在防波堤护面块体运动姿态智能监测技术研究方面

防波堤护面块体是沿海地区重要的水工防护物,它能够消除波浪对防波堤的巨大冲击,减缓波浪力对防波堤的破坏,并能延长防波堤的使用寿命。大量防波堤塌陷事故表明,护面块体的位姿变化及失稳是造成防波堤破坏的一个重要原因。当护面块体长时间受到波浪冲击后,其表面被破坏,甚至会造成大面积失稳。在有关防波堤护面层破坏的早期研究中,许多学者对防波堤护面层的破坏做了探索。Hudson 使用移出块体占总块体的百分比来表征损害。后来,Thompson 和 Broderick 引入了参数来描述损害,其为从斜坡上移除的块体的数量。Vidal 等定义了损坏的开始:一定数量的护面块体从其原始位置被移位到大于或等于公称直径(DN50)的距离。防波堤护面层的破坏通常与护面块体的破损和移位有关,但是传统的防波堤护面块体观测都是以有限的、定性的和主观的形式进行目视检查,因此如何精准实现对防波堤护面块体运动姿态的监测至关重要。

姿态监测传感器主要检测和测量物体的加速度、倾斜、冲击、振动、旋转和多自由度运动,是解决导航、定向和运动载体控制的重要部件。它具有体积小、价格低廉、使用寿命长和不易受干扰等诸多优点。国外最早的姿态监测传感器设想是由 Richard Pfeynman 在 1959 年提出的,1962 年硅微型压力传感器问世。1991 年 Cole 开始了电容式微加速度计的研制。1998 年,美国 CSDL 设计研制了最早的陀螺计;同年,Drapor 实验室研制了另外一种形式的陀螺计。最近几年以美国为代表的西方国家都加大力度研制高精度的多轴姿态监测传感器,在美国国防高级研究计划局(DARPA)/美国陆军航空和导弹司令部(AMCOM)基金会的支持和帮助下,美国成功研发出集成高精度姿态监测传感器。然而,国内的姿态监测传感技术起步较晚,与西方国家有一定差距。目前,我国的姿态监测传感技术也逐渐成熟,近几年我国高精度姿态监测传感器的研发热度很高,由清华大学牵头制造的 MEMS-IMU 采用了微小型谐振陀螺仪和加速度计作为主要元件。中国电子科技集团公司第十三研究所研制了多种高性能姿态监测传感器。

将姿态监测传感器应用到防波堤护面块体监测是从 20 世纪 70—80 年代开始的,研究人员观察到防波堤上的几个大型护面块体发生破坏后导致防波堤失效,研究人员开始关注波浪引起的护面块体的运动。20 世纪 80 年代在荷兰的土木工程研究中心和规范组 C70(CUR C70)的协调下开展了一个联合工业研究项目:在护面块体模型内部安置一个高频、单分量的加速度计;这些设备由皇家哈斯 koning DHV 提供,以此来确定护面块体的冲击速度并在此基础上给出了冲击速度的概率密度函数。这个研究项目最后创建了一个称为“岩石”的数值应用程序,它计算给定的波浪力和几何条件下双层护面块体断裂的概率。并且通过此概率模型来预测波浪对防波堤上的护面块体所产生的冲击力大小,以及受到多大的冲击力时护面块体会发生失稳。另一项研究由欧洲的奥尔堡大学牵头完成,旨在探究防波堤上护面块体的结构完整性、块体发生的位移变化和对块体的压力。与 C70(CUR

C70)项目组所研究不同的是,其通过应变加速度计加载单元技术直接测量块体所受压力。这种直接测量的方法的优点是能以更少的计算量达到很好的预期效果;不足之处在于,选取的材料不同,可能会对冲击荷载产生影响。英国的斯托尔在2015年开发了一款名为“智能碎片”的测量系统,用来确定护面块体受到波浪冲击时对运动的影响;他使用了一个内部装有加速度计、陀螺仪、磁强计的矩形防水盒。这个盒子代表了碎片的比例模型,其作用是模拟和捕捉碎片的运动和方向,数据存储在防水盒的内存中。此外,该设备还配备了一个使用无线定位传感器的实时定位系统,可以用来测量护面块体在防波堤上的移动。

为了进一步了解护面块体的摇摆行为和验证之前的相关研究,1989年CUR C70项目组在类似的设置中进行波浪水槽测试。他们发现摇动行为的重要参数是冲击速度的大小和该冲击速度在随机空间上的分布,研究发现了冲击速度的数量级和冲击速度的分布。在这项研究中,一种新型的传感器已经被用在一个立方块体内测量该立方块体的加速度和角速度。其中,8个传感器被放置在8个不同的立方块体中,在测试中传感器正常输出有效数据。荷兰的Deltares在四足块体的研究中使用双层传感器Tinyduino,以独立的模式来测量四足块体的数据,并与1989年CUR C70研究所得的数据进行了比较,对传感器输出的数据进行分析和测试发现,角速度测量比加速度要可靠。近几年,国外的大部分斜坡式防波堤都是由单层护面块体设计成的,研究人员在试验中也能经常观察到这些块体会发生断裂,通过分析传感器产生的数据得出了单层护面块体的摇摆行为。

我国对护面块体摇摆行为的研究并不多,主要通过研究防波堤的稳定性间接获得护面块体摇摆参数。2012年,柳玉良等通过对比不同重量的扭王字块对防波堤在不同波浪周期作用下的稳定性试验,给出了块体的失稳率和波浪冲击相似参数二者之间的关系。2014年,王帅等结合实际工程需要,通过对比国内外的扭王字块在防波堤上的摆放,给出了计算方法上的差异性分析。2016年,钟雄华等通过物理试验模型研究了扭王字块的摆放以及摆放密度对防波堤的稳定性影响。由于防波堤受到波浪影响的因素很多,难以定量分析护面块体在受到波浪冲击时的摇摆变化,研究护面块体的摇摆行为成为检测防波堤稳定性的研究趋势和方向。

当前国内外对防波堤护面块体的摇摆行为或稳定性的研究仅仅侧重某一种,并未通过某一技术手段将两者结合起来研究。针对这一不足之处,借助姿态监测传感器为测量工具来完成对防波堤护面块体的位姿变化测量及稳定性的研究,并利用物联网技术将所研究的内容关联起来。

2)在无人机+无人船多源数据融合监测研究方面

无人机、无人船属于非接触监测,即遥感。21世纪初,无人机应用逐步从军事领域进入民用领域,也逐渐应用于防波堤健康监测。荷兰著名水运工程咨询公司CDR及合作伙伴采用无人机及有人船相结合的方式,分别检测防波堤水上水下部分健康状况。Pedro J等通过附着在无人机上的高分辨率摄像机获取图像,利用摄影测量法,从无人机航空图像集中获得与防波堤几何形状相对应的点云,每隔三个月进行两次图像采集和处理操作,以比较防波堤获得的点云,确定几何结构的可能变化。Higinio González-Jorge等应用无人机摄影测量法对西班牙西北部Baiona防波堤进行了测试,从点云获得0.026m的标准偏差,检测到防波堤护面块体低于1°的旋转,提供了护面块体运动的确切位置。

2004年香港特区政府土木工程拓展署成功应用航空摄影测量结合有人船挂载多波束水文测量技术的新方法,监测其负责检查和维修的长约35km堆石防波堤及海堤;采用结合航空摄影测量及多波束水文测量技术的新方法监测构筑物时会在低空连续拍摄,每两幅相邻航拍照片影像重叠达80%;构筑物的水中部分则以多波束水文测量技术监测,通过处理航拍照片的高解像度数码图像及多波束水文测量所得的数据,可制成数码立体模型,把构筑物的数码立体模型与以往记录比较,可观察到构筑物有否损毁或变形,测量准确度约为+0.3m,符合堆石构筑物的测量准确度要求。

2015年交通运输部天津水运工程科学研究院胡健波采用MD4-1000四旋翼电动无人机,以天津东疆人造沙滩北防波堤(近岸300m斜坡式防波堤和离岸1.8km半圆体防波堤)作为试验对象,开展基于无人机的防波堤巡检尝试,无人机沿防波堤中心线飞行并不间断垂直向下拍摄,获取大量的覆盖完全并具有一定重叠度的数码照片,继而利用摄影测量后处理软件Pix4Dmapper获取了斜坡式防波堤的二维正射影像和三维数字表面模型数据,并且通过视觉识别的方法测量了半圆体防波堤的变形和破损形状。中国人民解放军理工大学刘亮等通过对防波堤结构损坏原因的分析,提出一种实用新型防波堤结构安全监测系统,水上和水下部分分别利用无人机航拍和水下无人航行器声呐成像进行巡检,此方法便于全局监测防波堤的隐患情况。刘亮等还提出一种基于图像处理的防波堤结构安全监测方案,该方案首先根据防波堤斜坡护面块体的设计安装情况选点定位、设编码号牌,继而利用无人航行器挂载水下摄像机沿预先设定好的路线航行,获取防波堤斜坡面的图像信息,采用图像校正、位移检测、图像测量等技术,检测出防波堤护面块体的位移情况,最后依据变形严重程度,及时采取相应措施进行修复,确保防波堤处于正常的运行状态。2018年12月国内长江航道局采用无人机、无人船相结合的方式对航道整治建筑物水上水下部分分别进行观测。

目前国内还未出现基于"无人机+无人船"水上水下一体化测绘的防波堤智

能巡检及三维模型构建技术。

3)在防波堤护面块体智能识别研究方面

使用图像减法处理技术在一个位置拍摄的照片以识别防波堤护面块体,是一种早期的防波堤破坏监测方法。这种监测方法对前后两次的拍摄点要求较高,实现起来成本较高。Phelp 等使用 Flicker 软件分析波浪作用前后护面块体的图像,分析波浪活动期间护面块体发生的位移。该方法需要将摄像头固定在测量位置,仅适用于实验室物理模型,不能应用于防波堤原型的检测中。Roberto 等使用具有鲁棒特征算法的数字信号处理系统来处理损坏前后的防波堤区域的图像。该方法的优点是处理速度快,可以快速找出防波堤的破坏区域,但对测量环境要求较高,测量范围不宜太大。

防波堤护面块体智能识别最大的难点在于,护面块体互相遮挡普遍存在的情况下,实现对块体精准的检测和分割。重叠场景图像检测和分割面临的核心问题是遮挡处理(Occlusion Handling)以及缺乏专门的数据集。多年来,很多算法都试图解决块体识别中的遮挡问题。早期,研究人员提出了一些可以显式处理遮挡的跟踪架构。例如,ROT 通过克服目标模型衰退的问题,实现了对遮挡情况下的实时目标跟踪,这种衰退常发生在目标对象被遮挡时。其他方法探索了更多实验性策略,比如利用时空上下文信息分析遮挡的发生。通过进一步分析运动约束和目标参考信息,这些方法能够更好地区分目标和引起遮挡的背景。Lee 等介绍了处理遮挡的其他方法,如深度分析和融合方法。此外,Gupta 等提出的孪生区域网络 SiamRPN + + 和孪生全卷积网络 SiamFC,采用了正则化技术(dropout)来处理遮挡问题。

在实例分割任务中,遮挡处理是指准确地识别和分割那些被其他对象部分或完全遮挡的目标。根据实例分割过程中是否考虑被遮挡的不可见区域,遮挡情况下的实例分割方法可以分为模态实例分割(Modal Instance Segmentation)方法和非模态实例分割(Amodal Instance Segmentation)方法。

传统的实例分割方法,诸如 Mask R-CNN、DeepLab 等,主要通过生成区域对每个建议区域进行分割。这些方法在处理遮挡物体时受限于局部特征和对边界框重叠程度的评估,导致在物体高度重叠的情况下性能急剧下降。以 Mask R-CNN 为代表的框架虽然在非遮挡场景下表现出色,但在处理遮挡物体时往往无法准确区分哪些像素属于前景物体,哪些属于背景或被遮挡的物体。为了克服这些局限性,研究者提出了多种改进策略。近年来,为了更深入地研究遮挡问题,出现了一些新的数据集,这些数据集通过提供遮挡关系、遮挡物体的可见和不可见部分的标注,为研究遮挡下的实例分割提供了丰富的资源。

基于目标检测的模态实例分割方法主要采用两阶段的方法，即先检测，后分割。流行的两阶段实例分割的代表性方法是 Mask R-CNN，首先检测一个目标类别的每个实例，并使用一个感兴趣区域（Region of Interest，RoI）对其进行定位；其次，从每个 RoI 生成一个实例掩码。这些方法与目标检测工作密切相关，通常在目标检测网络上进行扩展，以实现实例分割。Li 等首次提出了采用两阶段方法的非模态实例分割方法，该方法以基于 CNN 的目标检测器获得的模态边界框为输入，沿着分割热图中强度较高的方向迭代更新边界框，并重新计算热图。其中，热图的强度代表了边界框内的每个像素成为感兴趣对象的概率。通过在带掩码的区域卷积神经网络 Mask R-CNN 和 PANet 结构中添加额外的组件来确定 RoI 中是否存在遮挡，并结合多种特征，以路径聚合网络将非模态分割网络的设计扩展到了模态分割任务。

目前防波堤护面块体智能识别方法普遍存在块体识别分割精准度不够、块体真实边界信息难以准确捕捉以及识别效率低等问题。

本系统旨在通过研发新型智能护面块体装置，建立无人船 + 无人机一体化测绘方法，完善护面块体智能识别与分割方法，建立一个精准、高效的防波堤智能识别与健康监测平台，及时掌握防波堤的健康状态。

第 2 章　防波堤智能护面块体研发

2.1　姿态监测传感器系统模块

2.1.1　姿态监测传感器的系统分类

姿态监测系统分为两类,即平台姿态监测系统、姿态监测传感器系统。这两类监测系统的区别在于是否存在平台。平台姿态监测系统测量器件安装在平台上,该平台可以控制导航坐标系,可辅助测量器件进行加速度、姿态角的测量。平台姿态监测系统能方便地表达出导航信息,如图 2-1 所示。

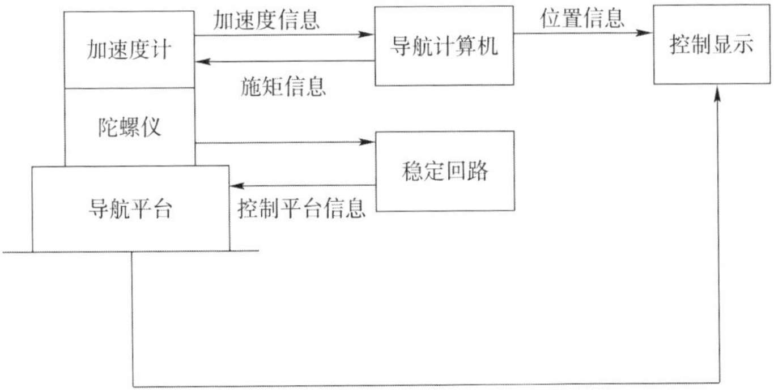

图 2-1　平台姿态监测系统

姿态监测传感器系统没有实际意义的平台,其将姿态监测测量元件与载体固定在一起,如果需要提取信息时可通过上位机转换信息,并通过 SD 卡导出所需要的数据信息,如图 2-2 所示。

姿态监测传感器系统比平台姿态监测系统具有以下优点:

(1)体积小、成本低、内部构造简单。

(2)可以提供很多数据信息,包括载体的加速度、角速度、地磁信息。

(3)安装方便快捷,容易拆解,便于维修保养。

综合考虑,本书采用姿态监测传感器系统用于护面块体的健康监测技术研究。

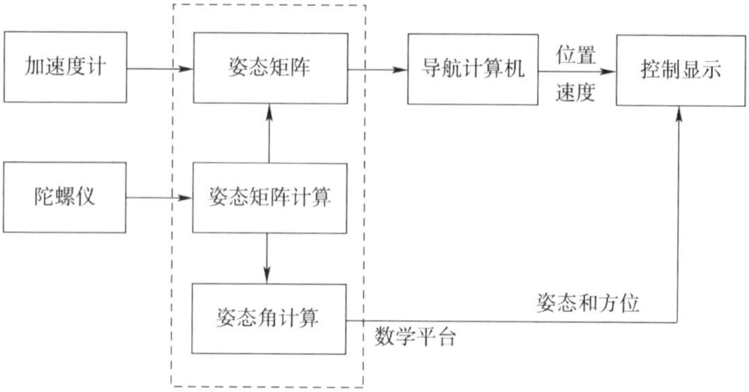

图 2-2　姿态监测传感器系统

2.1.2　姿态监测测量元件

姿态监测测量元件,如图 2-3 所示。

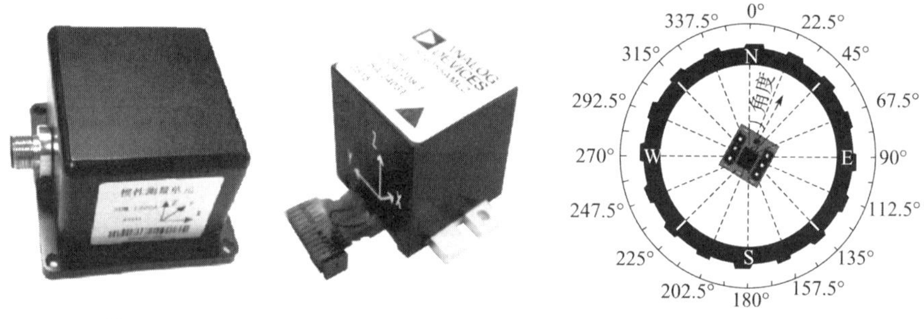

a) 三轴加速度计　b) 三轴陀螺仪　c) 电子罗盘

图 2-3　姿态监测测量元件

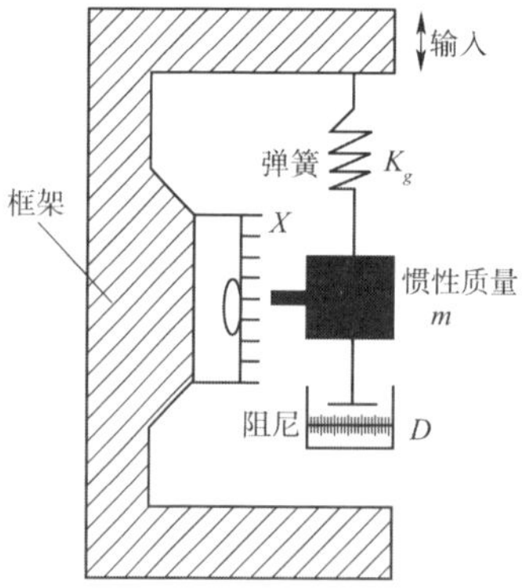

图 2-4　加速度计工作原理

1) 三轴加速度计

在室内环境下物体的运动信息往往通过位移来表现,测量物体的加速度成为试验获取瞬时位移的首选方法。而加速度计的工作原理是以牛顿第二定律为理论基础,当物体质量恒定时增大加速度值,受力也会随之增加。加速度计工作原理,如图 2-4 所示。加速度计的工作有两种模式:第一种是当加速度计保持静止时,加速度等于零;第二种是运动时,会使得加速度值发生变化,即产生瞬时加速度。

假设加速度 a 向上运动且方向向上,此时物体

受到瞬时姿态监测力作用会使弹簧发生形变,根据牛顿第二定律有:

$$m(\ddot{x} + a) = -D\dot{x} - cx - mg \tag{2-1}$$

式中:m——姿态监测质量;

D——阻尼;

c——弹性系数;

x——位移。

式(2-1)中在竖直方向的投影为:

$$m\ddot{x} + D\dot{x} + cx = -m(a + g) \tag{2-2}$$

假设物体做瞬时向上运动,此时物体处于静止状态下的一阶导数、二阶导数均为零,那么有:

$$a + g = -\frac{cx}{m} \tag{2-3}$$

从式(2-3)中可以看出,加速度值的输出分为两部分:一部分为物体自身的加速度值;另外一部分为物体所受到的重力加速度值。为了获得准确的加速度值,通常需要想办法将重力加速度消除。

2)三轴陀螺仪

载体上仅有加速度计往往很难反映载体的真实运动状态,同时载体受力运动时也会受到周围环境的影响使得测量有很大的局限性,所以需要安装三轴陀螺仪进行运动姿态的补偿。三轴陀螺仪是以载体自身为参考坐标系,具有较高的精度,能对载体进行不同姿态的监测。

三轴陀螺仪是利用科里奥利原理进行工作的。载体在做直线运动的同时进行旋转运动,可以将载体等效看作一个质点,质点受到姿态监测作用偏离原来的直线,这一过程被描述为科里奥利现象。

陀螺仪工作原理是当纵向的电容板加振荡电压时,会使得质量块做纵向运动,这一过程会产生科里奥利力,这种力会让横向的电容发生改变,与垂直的力产生微小的振荡,通过电容内部的电压变化来测得角速度的变化,如图2-5所示。

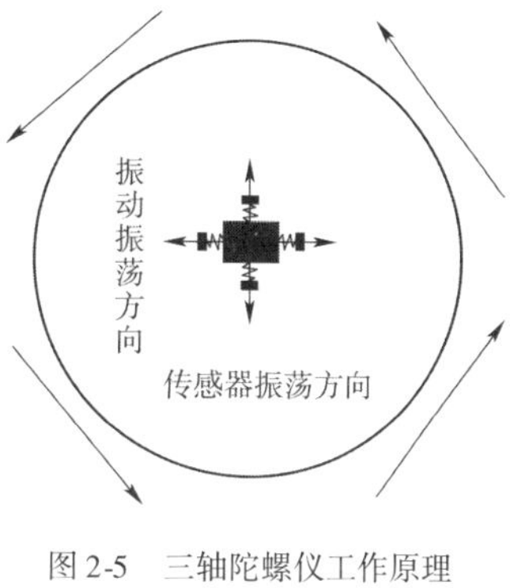

图2-5 三轴陀螺仪工作原理

三轴陀螺仪用来测量位移角,具有稳定性和进动性。这样的两种特性可以保证三轴陀螺仪在随着载体运动过程中保持主轴的稳定性,同时及时获取载体信息,如角度、角速度、角加速度等。基于这种特性，使得陀螺仪在航空航天、地质勘察等领域应用广泛。

3)电子罗盘

电子罗盘由三轴加速度计和三轴地磁计组合而成。作为导航工具，它的工作原理是提取三轴地磁计中的数据与三轴加速度计中的数据，然后测算出空间中的磁场分布和重力分布，获取有效的信息并传输给处理器，处理器根据这些信息计算出方向角并加以补偿，最后将处理好的数据进行输出，就可以获得载体在空间中的姿态信息。电子罗盘结构如图 2-6 所示。

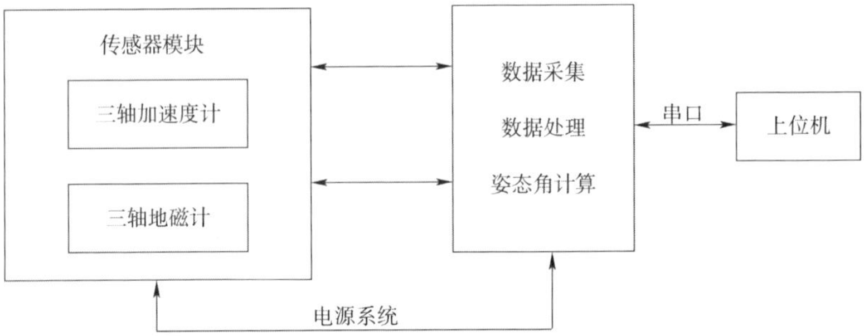

图 2-6 电子罗盘结构

当处于水平位置时，三轴地磁计可以测量水平方向和垂直方向上的地磁分量，通过这两个分量可以表示出航向角 γ：

$$\gamma = \arctan \frac{G_y}{G_x} \tag{2-4}$$

式中：G_x ——地磁计产生的水平分量；

G_y ——地磁计产生的垂直分量。

多数情况下，电子罗盘处于非水平环境下，为减少误差可采用倾角补偿算法。三轴地磁计任意姿态的表达式为 $G_{(\gamma,\theta,\varphi)} = [G_x, G_y, G_z]^{\mathrm{T}}$。其中，在零位置时(水平位置)表达式 $G_{(\gamma,\theta,\varphi)} = [G_{gx}, G_{gy}, G_{gz}]^{\mathrm{T}}$，任意姿态与零位置姿态的关系：

$$G_{(\gamma,\theta,\varphi)} = \begin{bmatrix} \cos\theta & 0 & -\sin\theta \\ 0 & 1 & 0 \\ \sin\theta & 0 & \cos\theta \end{bmatrix} \begin{bmatrix} 1 & 0 & 0 \\ 0 & \cos\gamma & \sin\gamma \\ 0 & -\sin\gamma & \cos\gamma \end{bmatrix} G_{(0,0,\varphi)} \tag{2-5}$$

式中：γ、θ、φ ——分别为航向角、横滚角、俯仰角。

将其进行逆变换并且化简可得：

$$\begin{cases} G_{gx} = G_x\cos\theta + G_y\sin\theta \\ G_{gy} = G_x\sin\gamma\sin\theta + G_y\cos\gamma - G_z\sin\gamma\cos\theta \end{cases} \tag{2-6}$$

将所得结果代入式(2-4)，可解算出航向角。

2.1.3 信号积分算法

在试验后,需要对姿态监测传感器测量得到的角速度信号进行积分后获取角度信号。该积分算法通常可以分为频域积分法和时域积分法。

1)频域积分法

时域信号 $\omega(k)$ 为姿态监测传感器在一段时间 T 内所采集到的信号,姿态监测传感器所输出的离散序列可记为 $\omega(n)$。将信号归一化后再进行傅里叶变换后得到:

$$\omega(k) = \mathrm{DFT}[\omega(n)] = \sum_{n=0}^{N-1} \omega(n)\mathrm{e}^{-\left(i\frac{2\pi}{N}\right)nk}$$

$$(n = 0,1,\cdots,N-1; k = 0,1,\cdots,N-1) \tag{2-7}$$

式中:n ——采集点的个数

N ——总的采集点数。

利用快速傅里叶变换,求解算法可以表示为:

$$\omega(k) = \mathrm{DFT}[\omega(n)] = [(a_0,jb_0),(a_1,jb_1),\cdots,(a_{N-1},jb_{N-1})] \tag{2-8}$$

式中:$(a_0,jb_0),(a_1,jb_1),\cdots,(a_{N-1},jb_{N-1})$ —— N 个采集点的横、纵坐标。

对于信号序列 $\omega(n)$ 中的幅值 A_k、频率 ω_k、相角 ϕ_k 的定义如下:

$$\begin{cases} A_k = \sqrt{a_k^2 + b_k^2} \\ \omega_k = \dfrac{2\pi k}{T} \\ \phi_k = \arctan\dfrac{b_k}{a_k} \end{cases} \tag{2-9}$$

式中:a_k、b_k——第 k 个点的横、纵坐标值;

T——采样时间。

则角度的频域积分表达式可以定义为:

$$\theta(r) = \sum_{k=0}^{N-1} \frac{1}{(2\pi k\Delta f)^2} H(k)\omega(k)\mathrm{e}^{-\frac{j\cdot 2\pi nk}{N}} \quad (r = 0,1,2,\cdots,N-1) \tag{2-10}$$

其中:

$$H(k) = \begin{cases} 1 & (f_{\mathrm{d}} \leqslant k\Delta f \leqslant f_{\mathrm{u}}) \\ 0 & (k\Delta f \leqslant f_{\mathrm{d}}, f_{\mathrm{u}} \leqslant k\Delta f) \end{cases} \tag{2-11}$$

式中:$H(k)$ ——滤波器的频率响应函数;

Δf——分辨率;

f_{d} ——最小截止频率;

f_u——最大截止频率。

2)时域积分法

设角速度信号为 $\omega(t)=\varphi(t)+\delta$,进行一次积分可得角度信号:

$$\theta(t)=\int_0^t \omega(t)\mathrm{d}t=\int_0^t[\varphi(t)+\delta]\mathrm{d}t=\delta t+\int_0^t \varphi(t)\mathrm{d}t+\alpha \tag{2-12}$$

式中:$\varphi(t)$——有效角速度信号;

δ——产生的信号误差;

δt——趋势项;

α——误差项。

从式(2-12)中可以看出,存在采集的信号误差 δ,在角速度信号一次积分后得到趋势项 δt 和误差项 α。趋势项和误差项对信号具有一定的干扰作用,但是本书所研究的角速度是一个瞬时变化量,产生的趋势项和误差项对积分后的角度影响大。

常用的数值积分一般有以下两种:

(1)梯形公式

利用 n 等分法将所给区间划分为$[a_1,a_2]$,划分节点表达式为:

$$\omega_t=a_1+th \qquad (t=0,1,\cdots,n) \tag{2-13}$$

$$h=\frac{a_1-a_2}{n}$$

式中:h——将区间进行 n 等分;

t——在区间内的采样点个数。

利用梯形公式在每个子区间$[x_t,x_{t+1}]$$(t=0,1,\cdots,n-1)$进行运算,得到下式:

$$\int_{x_i}^{x_{i+1}} f(x)\mathrm{d}x \approx \frac{h}{2}[f(x_t)+f(x_{t+1})] \tag{2-14}$$

则有:

$$I=\int_{a_1}^{a_2} f(x)\mathrm{d}x=\sum_{t=0}^{N-1} f(x)=\frac{h}{2}\sum_{t=0}^{N-1}[f(x_t)+f(x_{t+1})] \tag{2-15}$$

式中:x_t——t 时刻的数据点;

x_{t+1}——$t+1$ 时刻的数据点。

设 $\omega(t)$为所采集的信号,由式(2-15)得 $\omega(t)$的一次积分角度信号$\theta(t)$,则有:

$$\theta(t)-\theta(t-1)=\frac{\omega(t)+\omega(t+1)}{2f} \tag{2-16}$$

式中:f——采样频率;

t——采集时间点个数。

梯形公式的算法设计较为简单,计算速度快,但是精度很低。

(2)Simpson 公式

Simpson 公式是将一个区间二等分,然后在二等分区间进行三点插值,则由 Simpson 公式可得插值函数:

$$y(i) = \frac{1}{6}\Delta t\sum_{i=1}^{n}[x(i-1)+4x(i)+x(i+1)] \tag{2-17}$$

式中:$x(i)$——采集的数据值;

Δt——采集的时间间隔。

利用 Simpson 公式,得到角度信号:

$$\theta(i)=\theta(i-1)+\frac{\omega(i-1)+4\omega(i)+\omega(i+1)}{6}\Delta t \quad (i=1,2,3,\cdots,n) \tag{2-18}$$

式中:$\omega(i)$——角速度信号采集的数据值。

Simpson 公式相对于梯形公式具有较高的精度。

2.1.4　分散式滤波算法

本试验虽然在实验室中进行并采集数据信息,但是不排除实验室内环境噪声、电源信号扰动、磁场等干扰,测量所得的加速度以及角速度难免会产生一定的误差。如果未经滤波处理的信号被进行积分后会造成数据的不准确,导致后续试验数据精度不够;同时信号误差也会使得姿态监测传感器的精度随着时间的推移逐渐下降。所以需要对数据进行分布式滤波处理,来改善精度不足所产生的影响。

通常,滤波总会有一些缺陷,主要有以下几点:数学模型阶数较高、计算量较大、储存空间短缺、实时状态效果差、容错性能差。将姿态监测传感器所测量得到的数据集中处理时风险高;将多个传感器集中起来后,如果单个传感器发生故障,将会导致整个系统发生故障。

在考虑了以上问题后,采用分散式滤波算法,既可以保证姿态监测传感器系统的容错性、实时性及稳定性,又可以保证测量的精度。利用两级并行结构的分布式滤波,传感器先进行单独滤波,然后整合滤波后的数据,最后输出全局估计值。通过分散式滤波可以使各子系统之间的滤波相互独立,避免了数据的重复使用,同时保证了系统的实时性及稳定性。

系统的状态方程和测量方程为:

$$\begin{cases} X_k = f_{k-1}X_{k-1} + W_{k-1} \\ Z_k = H_k X_k + V_k \end{cases} \tag{2-19}$$

式中：f_{k-1}——在 $k-1$ 时刻的频率；

X_{k-1}——在 $k-1$ 时刻估计的状态量；

W_{k-1}——在 $k-1$ 时刻的系统噪声估计量；

Z_k——滤波的输入，为测量值（观测值）；

H_k——观测量；

V_k——观察量的噪声。

子系统的状态方程和测量方程为：

$$\begin{cases} X_{ik} = f_{i,k-1} X_{i,k-1} + W_{i,k-1} \\ Z_{ik} = H_{ik} X_{ik} + V_{ik} \end{cases} \quad (i = 1,2,3,\cdots,n) \tag{2-20}$$

设有两个子滤波器，局部的滤波状态估计为$\hat{X}_1$和$\hat{X}_2$，将其合并后，有全局状态估计$\hat{X}_g$：

$$\hat{X}_g = \boldsymbol{w}_1 \hat{X}_1 + \boldsymbol{w}_2 \hat{X}_2 \tag{2-21}$$

式中：$\boldsymbol{w}_1$、$\boldsymbol{w}_2$——加权系数矩阵。

$$\begin{cases} E(X - \hat{X}_g) = E(X - \boldsymbol{w}_1 \hat{X}_1 - \boldsymbol{w}_2 \hat{X}_2) = 0 \\ (\boldsymbol{I} - \boldsymbol{w}_1 - \boldsymbol{w}_2) EX + \boldsymbol{w}_1 E(X - \hat{X}_1) + \boldsymbol{w}_2 E(X - \hat{X}_2) = 0 \end{cases} \tag{2-22}$$

式中：$\hat{X}_1$、$\hat{X}_2$——最优无偏估计；

$\hat{X}_g$——全局状态的无偏估计；

$\boldsymbol{I}$——单位矩阵。

将 $I - w_1 - w_2$ 代入式(2-21)可以得到：

$$\begin{cases} \hat{X}_g = \hat{X}_1 + w_2(\hat{X}_2 - \hat{X}_1) \\ X - \hat{X}_g = (I - w_2)(X - \hat{X}_1) + w_2(X - \hat{X}_2) \end{cases} \tag{2-23}$$

$\hat{X}_g$ 的协方差 P_g 为：

$$\begin{aligned} P_g &= E[(X - \hat{X}_g)(X - \hat{X}_g)^{\mathrm{T}}] \\ &= P_{11} - w_2(P_{11} - P_{12})^{\mathrm{T}} - (P_{11} - P_{12}) w_2^{\mathrm{T}} + w_2(P_{11} - P_{12} - P_{21} - P_{22}) w_2^{\mathrm{T}} \end{aligned} \tag{2-24}$$

$$\frac{\partial P_g}{\partial w_2} = -(P_{11} - P_{12})^{\mathrm{T}} - (P_{11} - P_{12}) + 2w_2(P_{11} - P_{12} - P_{21} - P_{22}) = 0 \tag{2-25}$$

$$w_2 = (P_{11} - P_{12})(P_{11} - P_{12} - P_{21} + P_{22})^{\mathrm{T}} \tag{2-26}$$

$$P_g = P_{11} - (P_{11} - P_{12})(P_{11} - P_{12} - P_{21} + P_{22})^{-1}(P_{11} - P_{12})^{\mathrm{T}} \tag{2-27}$$

$$P_g = P_{11} - (P_{11} - P_{12})(P_{11} - P_{12} - P_{21} + P_{22})^{-1}(P_{11} - P_{12})^{\mathrm{T}} \tag{2-28}$$

式中：P_{11}、P_{12}、P_{21}、P_{22}——协方差。

将式(2-26)～式(2-28)代入式(2-22)和式(2-23)中，由于$\hat{X}_1$和$\hat{X}_2$是不相关的，因此可以得出P_{12}和P_{21}都为零，最后更新全局状态的协方差P_g和无偏估计$\hat{X}_g$，完成分散式滤波。

$$\begin{cases} P_g = \left(\sum_{i=1}^{n} \boldsymbol{P}_{ii}^{-1} \right)^{-1} \\ \hat{X}_g = P_g \sum_{i=1}^{n} \boldsymbol{P}_{ii}^{-1} \hat{X}_i \end{cases} \tag{2-29}$$

式中：$\boldsymbol{P}_{ii}^{-1}$——协方差的逆矩阵；

$\hat{X}_i$——第 i 个滤波状态估计。

2.2　护面块体位姿变化测量试验设计与结果分析

结合 2.1 节中所介绍的护面块体位姿变化测量工具——姿态监测传感器，本节对试验产生的信号进行分析处理，获取在不同水位处护面块体与周围块体碰撞的稳定性系数与碰撞数的变化，以及不同水位受到的最大冲击速度的变化趋势。

防波堤护面块体作为海岸防护的重要预制构件，它能够起到消除波浪、保护防波堤不被冲击而发生破坏的作用。护面块体在防波堤上的安放位置影响块体的使用寿命，如果能寻找到适合护面块体的安放位置，不仅能提高其自身的使用寿命，同时也能提高防波堤的防浪功效。

本节设计了护面块体位姿变化测量试验，目的是研究护面块体被放置在不同水位处时，波浪作用在试验块体上与周围块体碰撞剧烈程度的变化趋势，同时找到在不同水位处护面块体所受到的最大冲击速度，为后续工程实际中的护面块体安放提供指导。

国外设计过类似试验，但所探究的内容仅仅是统计了护面块体受波浪冲击瞬间时产生位姿变化的概率分布，并未给出护面块体在不同水位时的位姿量化值。本节将以国外设计的类似试验为理论基础，对护面块体的位姿变化测量开展研究。

2.2.1　试验设计

1)试验条件

该试验在交通运输部天津水运工程科学研究院内的大比尺波浪水槽中完成。

大比尺波浪水槽长、宽、高分别为 456m、5m、12m，能够真实模拟海洋以及内河中波浪的各种波形，比如规则波和不规则波。造波机所产生的波浪周期为 2～8s，可以造出最高 3.5m 的波浪。试验所采用的控制系统均由计算机控制，试验仪主要由造波系统和测波系统组成。该大比尺波浪水槽分为四个区段：造波段、生波段、试验区、消能区，如图 2-7 所示。为了研究护面块体受波浪作用的规律，试验在消能区完成。

图 2-7　大比尺波浪水槽

2）试验仪器与布置

姿态监测传感器由维特科技（深圳）有限公司生产，如图 2-8 所示。姿态监测传感器内部元件包含三轴加速度计、三轴陀螺仪、三轴地磁仪。姿态监测传感器开关是由一个 SD 储存卡来控制的，如图 2-9 所示。姿态监测传感器产生的数据存储在 SD 卡中，可由读卡器与维特科技（深圳）有限公司生产的 JY901 上位机关联起来读取数据，如图 2-10 所示。将生成的数据进行分析处理后，获取防波堤护面块体的位姿变化规律，可为后续实验室安放护面块体提供新思路，同时也可以为护面块体健康监测提供参考。

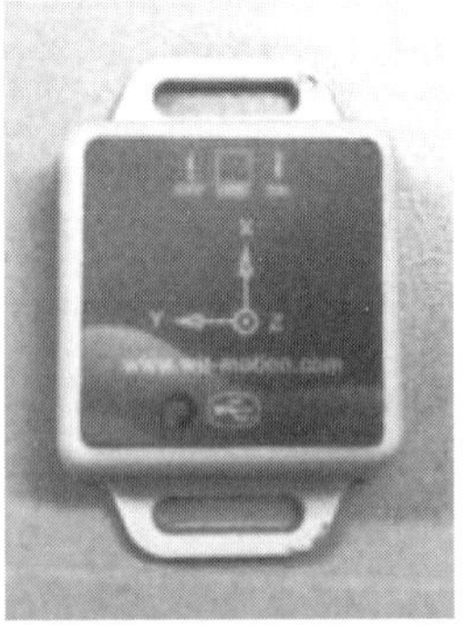

图 2-8　姿态监测传感器外形图

图 2-9　SD 存储卡与读卡器

图 2-10　JY901 上位机软件

姿态监测传感器的特性参数如表 2-1 所示。

特性参数　　　　表 2-1

指标项目	参数
电池电压(V)	3.7
电流(mA)	<40
电池容量(mA · h)	200
体积(mm)	51.3 × 36 × 15
加速度精度(*g*)	0.01
角速度精度(°/s)	1
数据输出频率(Hz)	0.1 ~ 200

试验前将 SD 存储卡插入姿态监测传感器中,并将姿态监测传感器放入已经固定在护面块体上的防水盒中,然后把护面块体放置在消能区水线附近,如图 2-11 所示。

2.2.2　信号处理

试验中所产生的信号来自角速度信号,通过对角速度信号进行分析处理,可以得到冲击速度信号和碰撞数信号,而稳定性系数和碰撞数信号的来源主要是由波高和护面块体的公称直径以及所产生的冲击速度和波个数所确定的。

图 2-11　护面块体安放位置

1)冲击速度

护面块体受到波浪冲击瞬间的运动模式可以看作绕某一固定的点旋转,所以使用三轴陀螺仪中的角速度数据要比三轴加速度计中的数据可靠些。在目前的姿态监测传感器测量中,相比于加速度计、陀螺仪所测量的角速度不需要集成,而是在碰撞瞬间进行单一的测量。

利用陀螺仪可以输出三个轴的角速度。为了得到绝对角速度值,可以使用以下方式表达:

$$|\omega| = \sqrt{\omega_x^2 + \omega_y^2 + \omega_z^2} \tag{2-30}$$

式中:ω_x、ω_y、ω_z——x、x、z 轴的角速度值。

假设护面块体受到波浪冲击瞬间是绕某一点做纯旋转运动,如图 2-12 所示,那么可以由绝对角速度值与公称直径的乘积得到冲击瞬间的冲击速度。

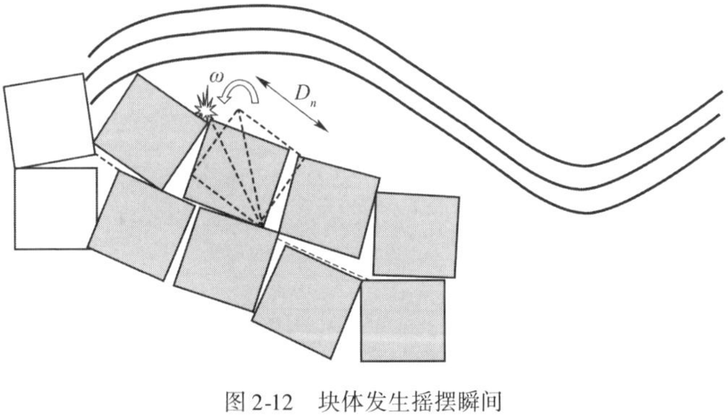

图 2-12　块体发生摇摆瞬间

$$v_i = D_n|\omega| \tag{2-31}$$

式中：D_n——护面块体的公称直径；

n——百平方米护面块体安放的个数。

通过采集得到的三轴角速度信号并进行处理后可以得到冲击速度，如图2-13所示。

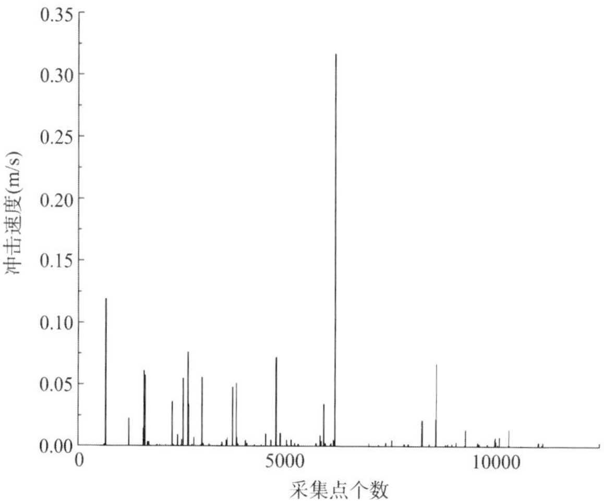

图2-13 波浪冲击瞬间由旋转产生的冲击速度

加速度计输出三个轴的加速度。经过数据处理可以得到绝对加速度值为：

$$|a| = \sqrt{a_x^2 + a_y^2 + a_z^2} \tag{2-32}$$

式中：a_x、a_y、a_z——x、y、z轴的加速度值。

这三个加速度合成的绝对加速度会导致护面块体沿着该加速度方向运动，产生的绝对加速度既有方向，也有大小。由于受到波浪冲击，瞬间该方向仅仅是在小范围内运动，可忽略，因此只考虑绝对加速度的大小。得到绝对加速度后对绝对加速度进行一次积分也可以得到冲击速度，如图2-14所示。

从图2-14中可以看出，由加速度信号经过一次积分后得到的冲击速度信号比由角速度信号经旋转产生的冲击速度信号要密集一些。这主要是因为加速度计受到重力加速度的影响会产生在Z方向上的数值，而这一数值是由于传感器内部存在误差导致的。因此，为了减小这种系统内部的误差，后续会选择由角速度经旋转产生的冲击速度，这样就极大消除了加速度计在Z方向上的误差。

2）稳定性系数与碰撞数

通过采集点得到冲击速度分布后，为了进一步研究护面块体受到波浪冲击瞬间的摇摆情况，以及与周围块体碰撞的剧烈程度，这里引入稳定性系数与碰撞数。

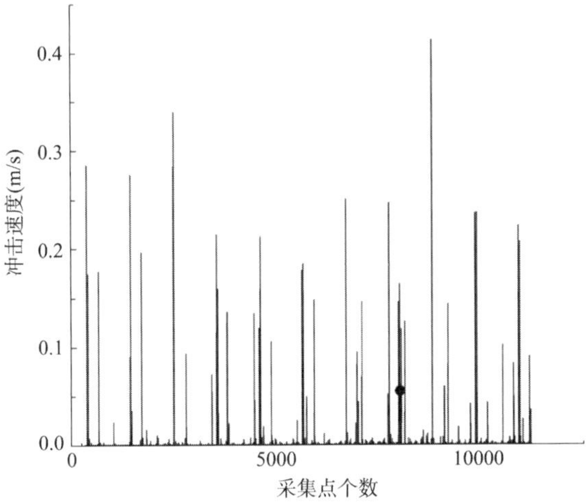

图 2-14 浪冲击瞬间由绝对加速度产生的冲击速度

稳定性系数的定义为：

$$S = \frac{H_s}{D_n} \tag{2-33}$$

式中：H_s——有效波高；

D_n——护面块体的公称直径。

在得到了冲击速度分布后，取冲击速度的平均值$\bar{v}_i$。如果采集点处的冲击速度值大于冲击速度的平均值，统计出满足这样的冲击速度值的个数。

碰撞数的定义为：

$$C = \frac{N_{col}}{N} \tag{2-34}$$

式中：N——造波机产生的波浪个数；

N_{col}——统计出大于冲击速度的平均值个数。

稳定性系数与碰撞数还会因护面块体摆放位置影响而不同。一般来说，在零水线位置（防波堤与水面相接触）以下块体与块体之间的碰撞尤为剧烈。

2.2.3 试验数据分析

试验设计了27组不规则波工况。选取不规则波主要是考虑到真实海岸的波浪冲击往往都是随机性的，而不规则波刚好满足这一特点。护面块体安放位置设置为3种水位情况：$z/D_n = -2$，表示低于零水线位置的2倍块体公称直径；$z/D_n =$

0,表示恰好在零水线位置;$z/D_n = +2$,表示高于零水线位置的2倍块体公称直径。波高值设置为0.50m、0.55m、0.60m、0.65m、0.70m、0.75m、0.80m、0.85m、0.90m。护面块体的公称直径取0.32m,如表2-2所示。

试验原始数据 表2-2

工况	z/D_n(水线)	波高(m)	稳定性系数	碰撞数	最大冲击速度(m/s)
W1-1	-2	0.50	1.563	0.517	0.214
W1-2	-2	0.55	1.719	0.556	0.231
W1-3	-2	0.60	1.875	0.583	0.245
W1-4	-2	0.65	2.031	0.635	0.253
W1-5	-2	0.70	2.188	0.657	0.260
W1-6	-2	0.75	2.344	0.678	0.271
W1-7	-2	0.80	2.500	0.712	0.284
W1-8	-2	0.85	2.656	0.734	0.288
W1-9	-2	0.90	2.813	0.764	0.295
W1-10	0	0.50	1.563	0.421	0.254
W1-11	0	0.55	1.719	0.435	0.283
W1-12	0	0.60	1.875	0.471	0.312
W1-13	0	0.65	2.031	0.493	0.334
W1-14	0	0.70	2.188	0.514	0.349
W1-15	0	0.75	2.344	0.529	0.353
W1-16	0	0.80	2.500	0.546	0.367
W1-17	0	0.85	2.656	0.563	0.371
W1-18	0	0.90	2.813	0.578	0.380
W1-19	+2	0.50	1.563	0.254	0.183
W1-20	+2	0.55	1.719	0.261	0.194
W1-21	+2	0.60	1.875	0.293	0.205
W1-22	+2	0.65	2.031	0.322	0.217
W1-23	+2	0.70	2.188	0.343	0.224
W1-24	+2	0.75	2.344	0.356	0.235
W1-25	+2	0.80	2.500	0.370	0.256
W1-26	+2	0.85	2.656	0.394	0.263
W1-27	+2	0.90	2.813	0.413	0.270

试验结束后，将姿态监测传感器取出并将内置的 SD 卡插入读卡器中，与上位机软件相关联可获取在试验过程中加速度信号、角速度信号、地磁信号等。该软件展示出试验过程中的护面块体受波浪冲击的信号曲线图，如图 2-15 所示。其中，在所显示的曲线图中，每一个小正方形横坐标（时间）代表采集时间为 1s。

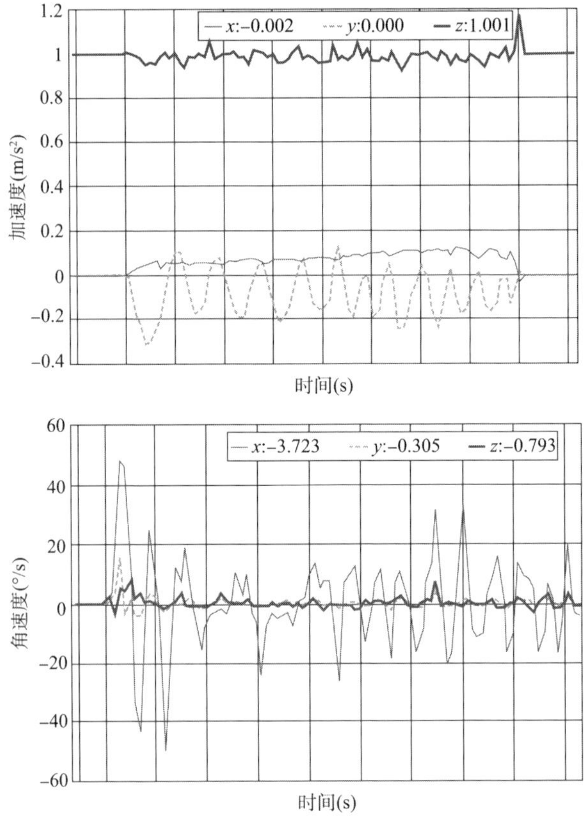

图 2-15　加速度信号（左）和角速度信号（右）

1）不同水位的稳定性系数与碰撞数研究

试验分别对比了 $z/D_n=-2$、$z/D_n=0$、$z/D_n=+2$ 这三个位置的稳定性系数与碰撞数之间的关系，如图 2-16 所示。

在保持护面块体的公称直径不变的条件下，稳定性系数会随波高的增大而增大。此时碰撞数也随之增大，反映在折线图中碰撞数变化为 0.1 ~ 0.3。对比图 2-16中这 27 组工况不同水线与波高位置处，碰撞数会随着稳定性系数的增大而增大。在水线 $z/D_n=-2$ 处的碰撞数比 $z/D_n=0$ 和 $z/D_n=+2$ 要大，说明在水线

$z/D_n=-2$ 处护面块体受波浪冲击时与周围的护面块体发生碰撞要比 $z/D_n=0$ 和 $z/D_n=+2$ 处剧烈。

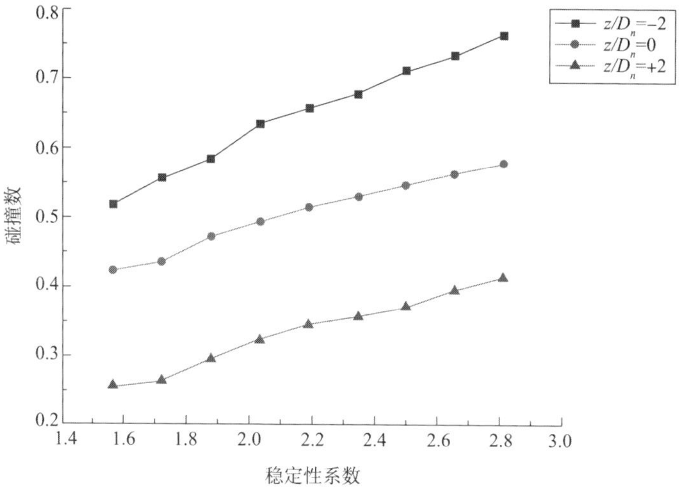

图 2-16　稳定性系数与碰撞数对应关系

在 $z/D_n=-2$ 处折线的斜率值为 0.198，而在 $z/D_n=0$ 和 $z/D_n=+2$ 折线的斜率值分别为 0.126、0.127，对比折线的斜率值可以看出，在水线 $z/D_n=-2$ 位置处斜率比 $z/D_n=0$ 和 $z/D_n=+2$ 处要大，说明在 $z/D_n=-2$ 处试验块体与周围护面块体的碰撞频率更高。

2）不同水位的最大冲击速度研究

护面块体安放在不同水线位置时对防波堤的防护起着关键性作用，如果长期受到冲击会加剧护面块体的损坏以及失稳，严重时会导致防波堤坍塌。如果能在防波堤上合理安放护面块体，则有助于提高护面块体的寿命。设计了 27 组工况，试验在不同的水线位置处护面块体受到的最大冲击速度变化趋势，如图 2-17 所示。

从图 2-17 中可以看出，最大冲击速度的变化趋势是先增大，在水线 $z/D_n=0$ 处达到最大后逐渐下降，最大冲击速度会随波高的增加而增大。在水线 $z/D_n=-2$ 和 $z/D_n=+2$ 这两个水位之间时，由于波浪冲击护面块体时会产生向上的波浪推力，使护面块体受波浪冲击的最大冲击速度先增大。从水线 $z/D_n=0$ 到 $z/D_n=+2$ 时护面块体受到的波浪冲击减少，且波浪推力也随之变小而受重力影响则变大，反映在图中 $z/D_n=0$ 到 $z/D_n=+2$ 这段折线下降。

通过探究护面块体在不同水位受波浪冲击的最大冲击速度，可以为后续的护面块体安放提供参考价值。

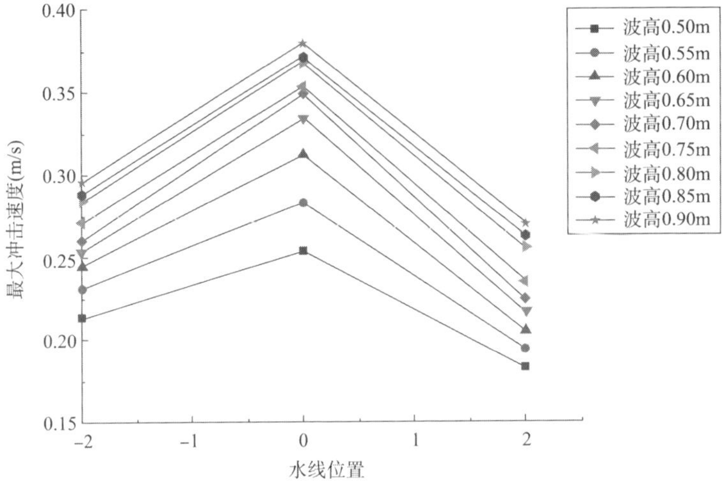

图 2-17　最大冲击速度变化趋势

2.3　护面块体稳定性研究

当护面块体发生失稳时，会使得防波堤抵御波浪的能力减弱。为了研究护面块体在失稳瞬间的角度突变值变化规律，本节将对护面块体的稳定性进行研究，通过搭建物理模型来研究护面块体摇摆角度对自身及其周围块体稳定性的影响，得到护面块体自身失稳瞬间的角度突变值以及周围护面块体受试验块体影响下的角度突变值。

2.3.1　物理模型的搭建

为研究防波堤上护面块体的稳定性，通常可以将实际海港上的防波堤按一定的比例缩小，将其简化为斜坡面，然后在斜坡面上铺上一层护面块体进行试验研究；利用相似理论作为依据建立物理模型，通过在模型上获取试验所需的某些量之间的规律再推回到原型上，从而获得对原型的规律性认识。考虑到在大比尺波浪水槽消能区内存在很多缝隙，不利于物理模型的搭建，如图 2-18 所示，所以选择在户外空地上搭建。其优点在于：①由于波浪水槽的消能区在室内，物理模型材料的搬运以及搭建需要花费时间和费用，使得成本大大增加。如果搭建在室外就避免了上述情况，同时成本也得到了降低。②由于波浪作用在护面块体上时块体发生失稳是一个渐变的过程,等待时间较长,且进行不同波高工况时需要对护面块体的摆放进行调整,增加了难度,所以综合考虑在室外搭建物理模型进行试验研究是合理的选择。

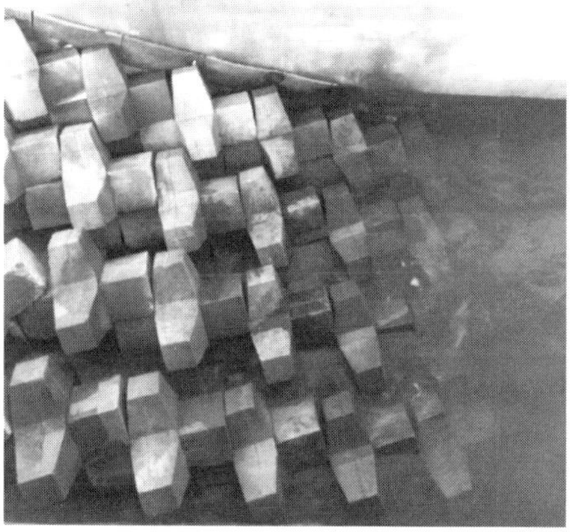

图2-18　大比尺波浪水槽消能区

1)护面块体数量的确定

护面块体数量的确定可以按照《防波堤设计与施工规范》(JTS 208—2020)中斜坡式防波堤进行设计,确定块体个数方式有两种。

第一种:通过理论计算出人工护面块体个数。

$$N = An'c(1 - P')\left(\frac{0.1\gamma_b}{W}\right)^{\frac{2}{3}} \tag{2-35}$$

式中:N——护面块体个数;

A——垂直于厚度的护面层平均面积;

n'——护面块体层数;

c——护面块体的形状系数(本书中护面块体选用扭王字块);

P'——护面层的空隙率;

γ_b——护面块体的重度;

W——单个护面块体的重量。

护面块体形状系数和空隙率,如表2-3所示。

第二种是按照每百平方米护面块体的个数与护面块体重量的对应关系直接找到所需的块体个数,如图2-19所示。

2)护面块体的钩连性

在研究护面块体稳定性时,为了保证护面块体稳定,通常需要让所研究的护面块体与周围的护面块体相互钩连,这样保证了块体不会因受到小的扰动而发生失稳,如图 2-20 所示。

护面块体形状系数和空隙率 表 2-3

护面块体	构造形式	c	P'(%)
普通块石	抛填 2 层	1.0	40
	立放 1 层	1.3 ~ 1.4	无
四角椎体	安放 2 层	1.0	50
扭工字块	抛填 2 层	1.2	60
	立放 1 层	1.1	60
扭王字块	安放 1 层	1.3	50

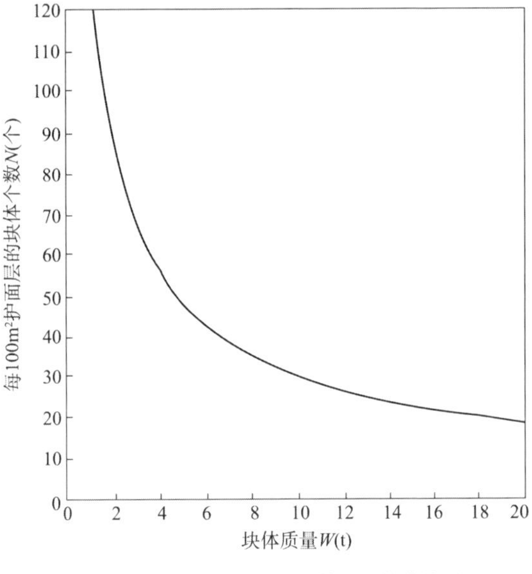

图 2-19　每百平方米护面块体的个数曲线图

在满足护面块体钩连的条件下,护面块体的安放还需满足与周围的块体充分接触,同时要满足大部分块体“三足”着地。

3)斜坡式物理模型

斜坡式物理模型按照长 2m、宽 1m、高 1m 进行搭建,且坡度比为 1∶1。在斜坡式物理模型的斜面上铺上一层碎石,然后在铺设的碎石上放置护面块体,如图 2-21所示。

图 2-20　护面块体相互钩连示意图

图 2-21　护面块体斜坡模型

将护面块体摆放好后，把姿态监测传感器安放在块体的一个足上，然后用固定摄像机记录试验过程，如图 2-22 所示。

图 2-22　试验前后块体位置变化

箭头所指圆圈代表试验块体，其余圆圈代表其他块体。用手摇晃试验块体，直到将试验块体晃出为止，记录每晃动一次试验块体以及周围块体上姿态监测传感器 X、Y、Z 三个轴的角度变化，重复这个过程两次，将试验块体正上方布置姿态监测传感器的块体记为 1 号，然后按逆时针方向进行排序，分别记为 2、3、4、5 号。

2.3.2　试验块体摇摆角度对自身稳定性的影响

将试验块体晃动 9 次，分别记录每次晃动后角度初始值的变化并重复进行一组，对产生的三轴角度变化进行分析，如图 2-23、图 2-24 所示。

对比这两组试验块体的三轴角度初始值变化可以看出：在前几次晃动试验块体时，由于护面块体之间存在相互钩连，试验块体在未失稳前会有小幅度的角度变化且角度值变化在 1°左右，小角度的晃动护面块体依旧能保持稳定状态而不会发生失稳。随着晃动次数增加，护面块体之间的钩连性减弱，稳定性也随之降低。通过图 2-23、图 2-24 可以看出，第一组试验块体在晃动到第 5 次时、第二组试验块体在晃动到第 6 次时分别产生了角度值的突变,三轴角度的突变值为 20°~30°,相较于试验块体稳定时的角度值变化产生了倍数增大,说明试验块体与周围的块体已经失去相互钩连性并发生失稳;继续晃动试验块体,三轴角度值会持续大幅度增加,在发生角度值突变后的几次摇晃中,第一组中的试验块体和第二组中的试验块体角度值增加幅度为 10°~30°,此时试验块体不能恢复到之前相互钩连的状态。

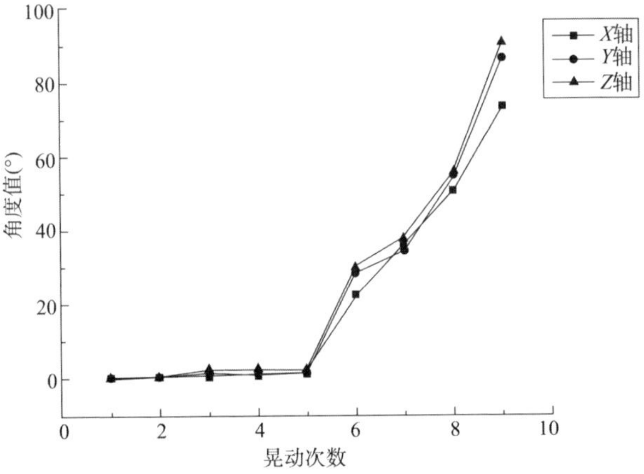

图 2-23　第一组试验块体三轴角度初始值变化

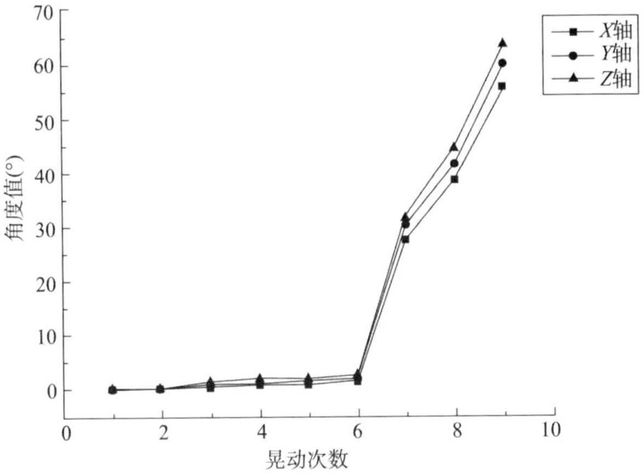

图 2-24　第二组试验块体三轴角度初始值变化

在分析了两组试验块体失稳前后的角度值变化规律后可以看出,小幅度的角度变化并不会造成块体失稳,但是随着晃动次数的增加会先出现试验块体与周围块体钩连性的变化,反映在图2-23和图2-24中就是曲线在突变瞬间钩连性消失,块体发生失稳。

2.3.3 试验块体失稳对周围护面块体的影响

试验块体与周围护面块体的钩连性消失会引发周围护面块体出现失稳。为了进一步研究试验块体对周围护面块体的影响,在试验块体周围安放了5个姿态监测传感器,来测量试验块体失稳瞬间对周围护面块体的影响,如图2-25~图2-29所示。

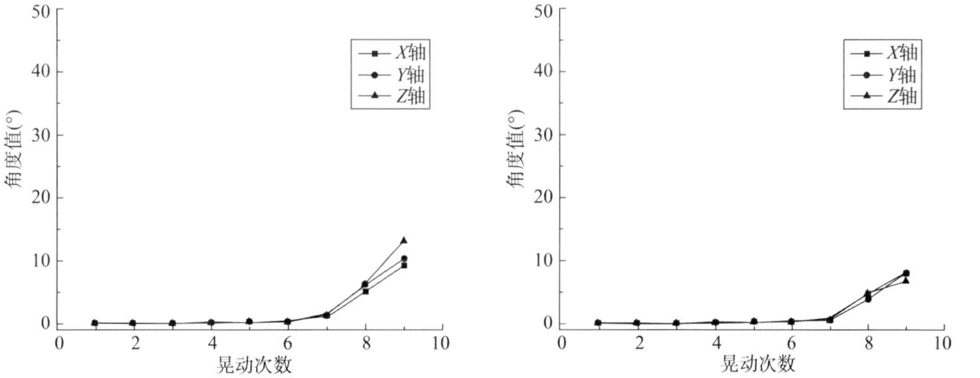

图2-25 第一组和第二组1号传感器三轴角度初始值变化

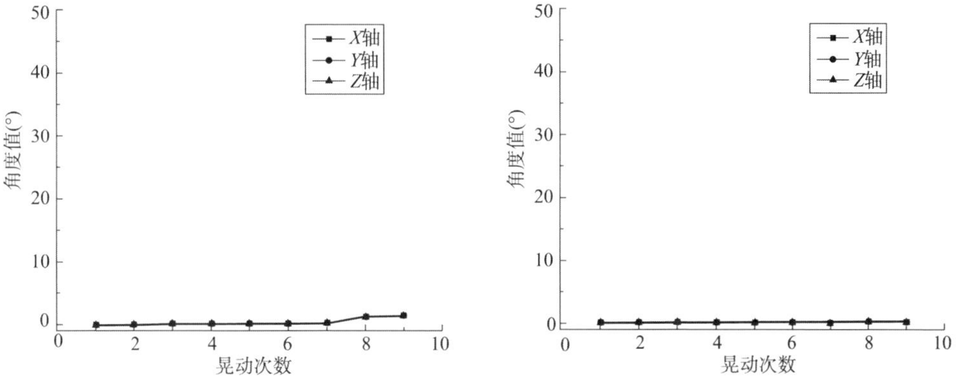

图2-26 第一组和第二组2号传感器三轴角度初始值变化

当试验块体失稳瞬间时,试验块体对周围护面块体的摇摆角度影响幅度是在0°~20°范围内(排除特殊位置情况),1、4号传感器在试验块体失稳瞬间的突变值比2、3号传感器的变化要大,说明安放1、4号传感器的护面块体与周围块体钩连性较差,当试验块体失稳时与1、4号传感器的护面块体相接触的部分少,直接导致这些护面块体发生大位姿的变化,反映在曲线图中是角度值的瞬间突变。相对于安放在2、3号传感器的护面块体在试验块体失稳瞬间角度值变化较为平缓,依旧能保持稳定。安放5号传感器的护面块体在试验块体失稳瞬间产生了较大的角度值变化,这是由于该护面块体与试验块体没有产生钩连,仅仅是相互接触。当试验块体发生失稳时,安放5号传感器的护面块体也随之失稳。

分析块体失稳后对周围护面块体影响的试验结果可以看出,在安放护面块体时,护面块体与周围块体钩连的紧密程度影响护面块体在失稳瞬间的角度值变化大小,安放的护面块体之间钩连越紧密,越不容易发生摇摆失稳,更能保证海港防护的安全性。

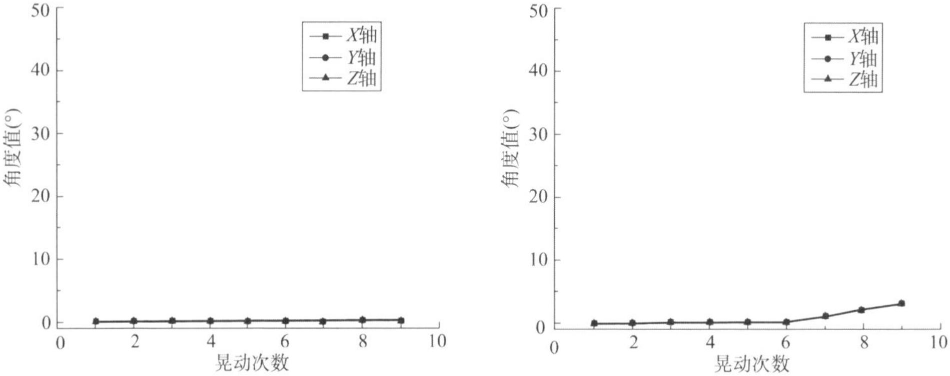

图2-27　第一组和第二组3号传感器三轴角度初始值变化

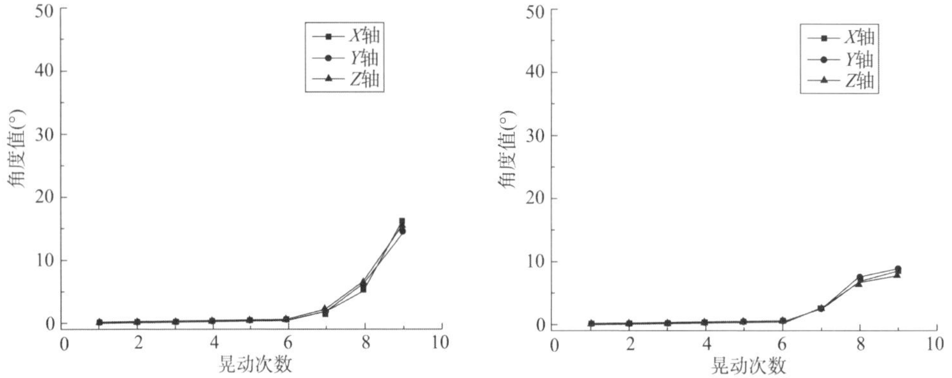

图2-28　第一组和第二组4号传感器三轴角度初始值变化

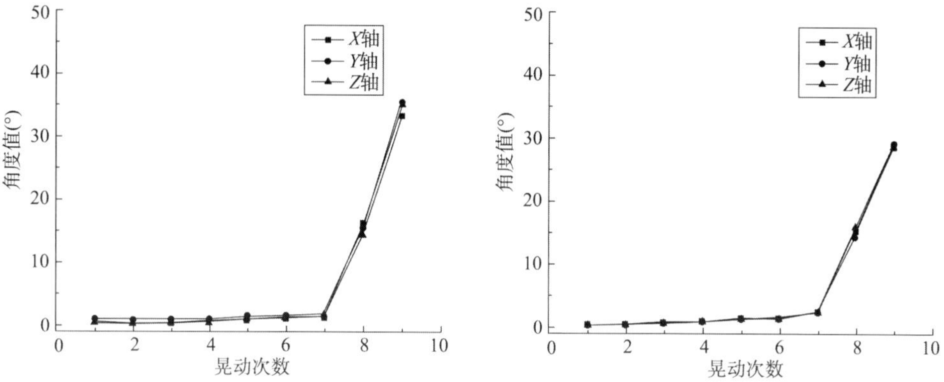

图 2-29　第一组和第二组 5 号传感器三轴角度初始值变化

2.4　防波堤护面块体健康监测

在第 2.2 节和第 2.3 节研究基础上,完成对护面块体在不同水位的位姿变化测量研究以及护面块体的稳定性研究,为了能够动态了解防波堤护面块体的位姿变化以及护面块体是否保持稳定性,本节将借助 OneNET 物联网云平台技术,来实现对防波堤护面块体的健康监测。

2.4.1　OneNET 物联网云平台

OneNET 物联网云平台是由中国移动公司开发的一款物联网交互平台,它能够为用户提供多种物联网设备访问协议,用户可选择适合的访问协议。该平台也支持智能硬件和终端设备快速访问。与其他平台不同的是,OneNET 物联网云平台可以为用户提供许多 IoT 设备管理,利用 APIKey 来管理不同设备和数据流。与其他平台不同,在 OneNET 物联网云平台中用户能通过接收到的数据特点进行编辑和显示不同的组件。该平台具有强大的计算能力以及数据处理和存储功能,最大的优点是它能够直接在平台上进行相关组件设计,并显示计算机软件监控页面。

(1)OneNET 物联网云平台架构

OneNET 物联网云平台架构可以实现数据储存、设备匹配连接、数据分析等,用户可以按照数据的私有和公开协议两种方式来进行数据安全传输,图 2-30 所示为 OneNET 的基本框架。

该云平台包含产品、设备、数据流和数据点、触发器、APIKey、应用等。每一个产品都有自己独立的 ID、Masterkey、设备注册码,平台为每一个用户提供了多个产品及资源选项,如图 2-31 所示。

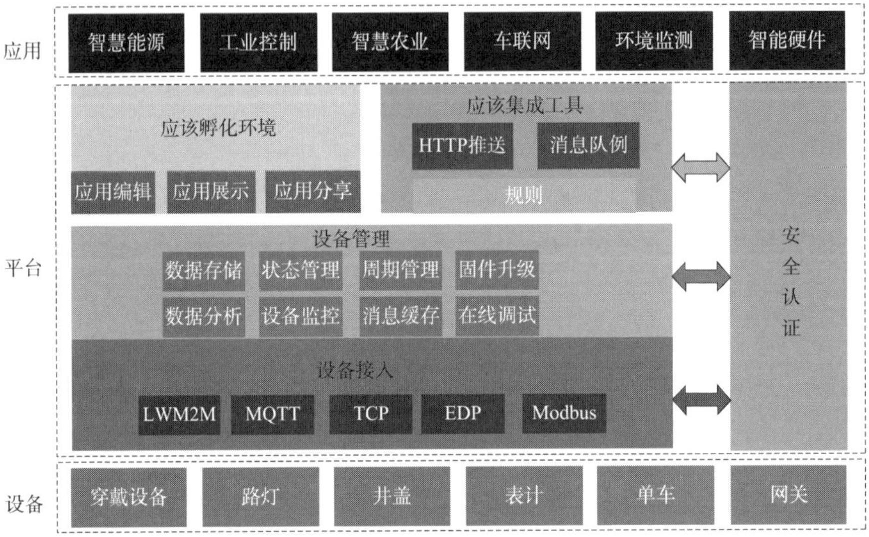

图 2-30　OneNET 基本框架

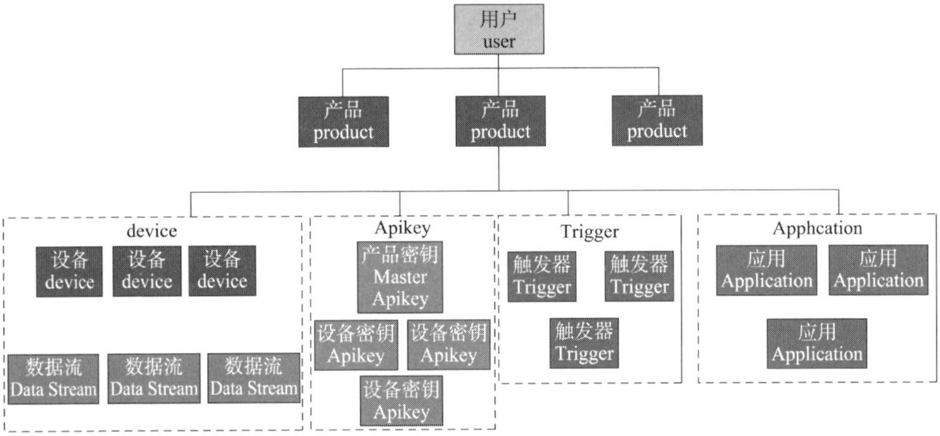

图 2-31　OneNET 物联网云平台组框架图

OneNET 物联网云平台有一套完整的物联网解决方案,可以帮助物联网开发人员缩短开发时间,降低开发成本。该 OneNET 物联网云平台可用于智能家电、智能穿戴、智能门锁、共享经济、环境监测,促进了传统行业的创新和升级。其应用场景如图 2-32 所示。

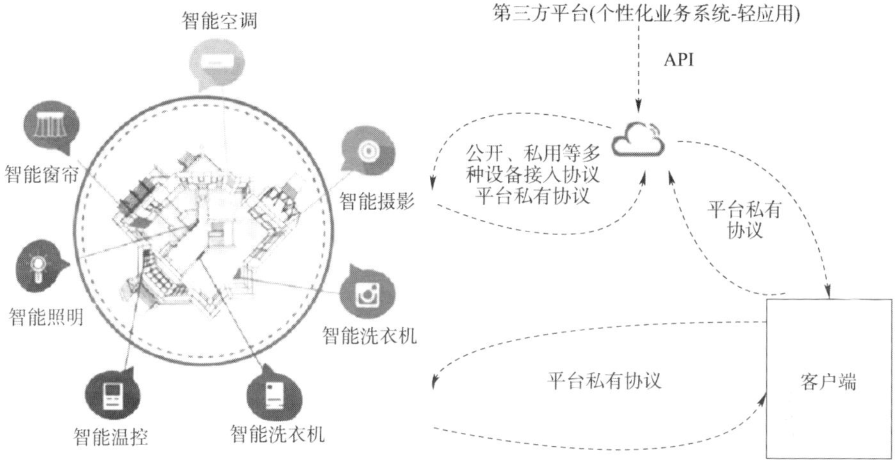

图 2-32　OneNET 物联网云平台应用场景示意图

(2)OneNET 物联网云平台网络通信协议

OneNET 物联网云平台可以与多种网络协议相匹配,与各种网络环境兼容。网络通信协议包括私有协议和公共协议。公共协议包括 LwM2M、EDP、Modbus、MQTT、HTTP 和 TCP 透明传输,私有协议只有一个 RTMP 协议。用户在创建产品时需要选择设备访问的协议。

LwM2M 协议:全称为 Lightweight M2M。它是一种轻量级、标准通用的物联网设备管理协议,可以用于快速部署客户端或服务器。同时它具有轻便、小巧的安全通信接口和高效的数据模型,以 M2M 设备管理和支持服务。

EDP 协议:全称为 Enhanced Device Protocol。它是一种增强设备协议,是根据物联网特点专门定制的一种协议,可以广泛应用在家居、物流、交通、能源等。

Modbus 协议:它是一种串行通信协议,是 Modicon 公司为了使用可编程逻辑控制器通信而开发的,Modbus 目前已经成为工业领域通信领域的主流协议。

MQTT 协议:它是简单的轻量级传输协议,适用于不稳定、低带宽、延迟高的网络中。该网络协议是根据网络信息能及时、可靠、稳定传输数据而设计的。

HTTP 协议:英文全称 Hyper Text Transfer Protocol,它是通过网页来进行数据传输的,同时可以监控浏览器目标的状态。

(3)NB-IoT 物联网套件

NB-IoT 物联网套件提供了一种方便用户使用的 NB 模组。该模组将设备连接到 OneNET 平台,实现丰富 NB-IoT 的应用能力。OneNeT 平台可为用户提供“终端-

平台-应用”整体解决方案，帮助企业快速实现 NB-IoT 能力。终端侧通过移植 SDK，可以实现轻量化 CoAP + LWM2M 协议传输，降低物联网终端功耗；平台侧可实现与中国移动 NB-IoT 网络无缝对接，实现对设备进行资源订阅、存储、转发和下载命令等功能；应用侧提供了丰富的 API 接口，帮助用户快速实现基于平台的相关能力开发。

(4)云平台配置

第一步：注册账号，创建 LwM2M 协议产品，记录各产品的 ID 信息以及注册码信息，如图 2-33 所示。

图 2-33　创建 LwM2M 协议产品

第二步：添加设备信息，如图 2-34 所示。

图 2-34　添加设备信息

(5)云平台交互

当完成云平台的数据配置后，可以查看设备的详细上报信息，即传感器与平台之间的交互信息，如图 2-35 所示。

信息数据每隔 10min 由传感器向 OneNET 云平台发送一次，其中包含 X、Y、Z 轴的角度值、加速度值、温度、经纬度值。这些数据可以通过读写的方式进行人为修改，也可以导出 Excel 表格进行处理。

图 2-35　数据信息实时记录

2.4.2 护面块体动态数据参数监测可视化

OneNET 物联网云平台为用户提供了 View 3.0 数据可视化页面,它支持 3D 场景搭建嵌入,2D/3D 组件互调,提供很多组件与模型。它也支持 OneNET 内置数据、第三方数据库及 Excel 静态文件。

本小节将借助深圳市瑞芬科技有限公司生产的 HMS200 倾角传感器(图 2-36)来进行防波堤护面块体的健康监测研究,如图 2-36 所示。

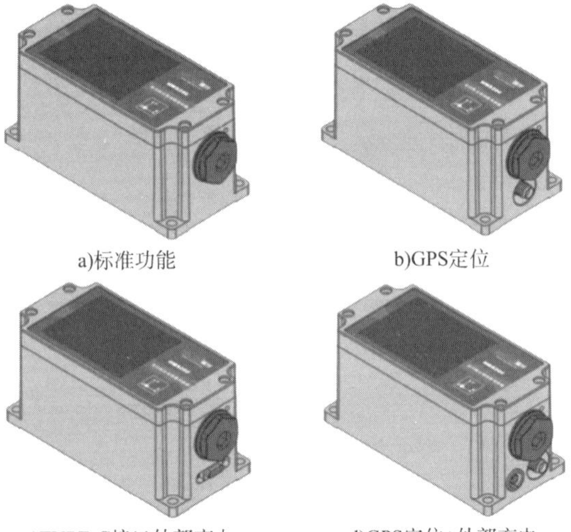

a)标准功能　b)GPS定位

c)TYPE-C接口外部充电　d)GPS定位+外部充电

图 2-36　HMS200 倾角传感器外观图

该传感器中有与 OneNET 物联网相关联的 NB-IoT 通信协议,采用锂电池供电,待机功耗低至 0.72mA,此外还配置了一块高效太阳能板,可以有效续航 5 年之久。该传感器可以根据用户自身的需求来设置唤醒,也可以定时上传数据到 OneNET 物联网云平台上,通过网络服务平台无需实地勘测,便可知道被测物体的状态。设置报警角度阈值,当传感器检测到物体运动超出安全角度值时会主动唤醒设备,并立刻上报警报信息。该传感器可用于控制各种大型设备工程或监测设备状态,能够动态监控物体的三轴倾斜状态。

在数据可视化页面创建一个 2D 模板,通过对该模板进行组件编辑以及导入数据流,然后编写 JavaScript ES5 语言来实现数据可视化,如图 2-37、图 2-38 所示。

对组件进行选择,数据源、数据流导入后可搭建一个防波堤护面块体,来实时监测动态页面,如图 2-39 所示。

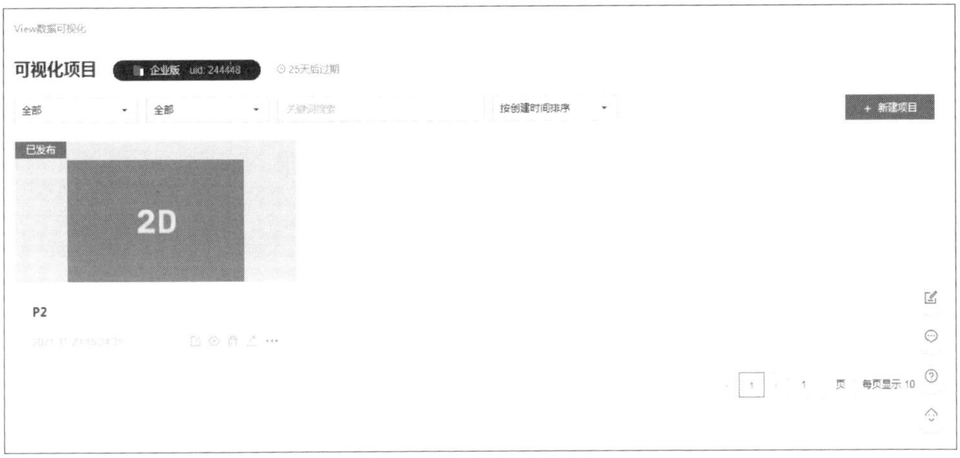

图 2-37　数据可视化模板

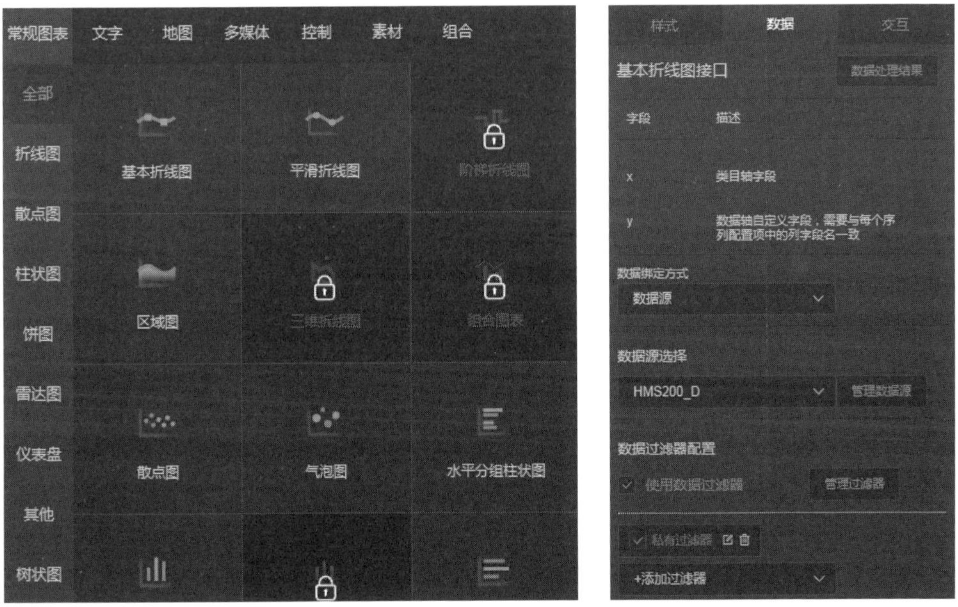

图 2-38　组件编辑及数据源、数据流选择

在图 2-39 中左侧为 X、Y、Z 三个轴角度值的变化曲线图，在传感器正常工作状态下每隔 10min 刷新一次。通过该曲线图能够清楚地了解到护面块体在当前时刻以及过去时刻的位姿变化情况；右侧为阈值报警、传感器的温度和电量曲线图，当护面块体的位姿变化超过设置的阈值时，该曲线图会由 0 突变到 1，用户便可知在

哪一时刻护面块体发生大幅度的摇摆，如图2-40所示。

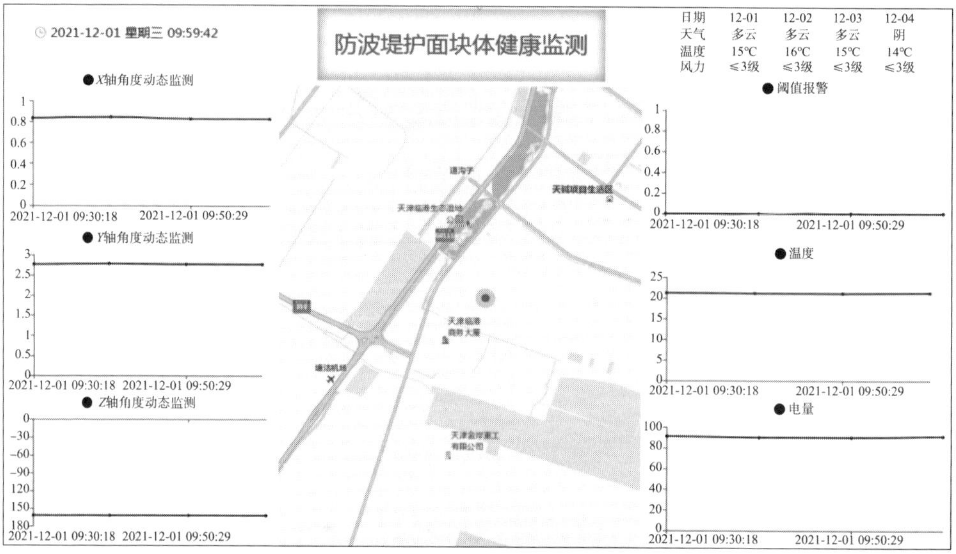

图2-39　护面块体健康监测动态页面

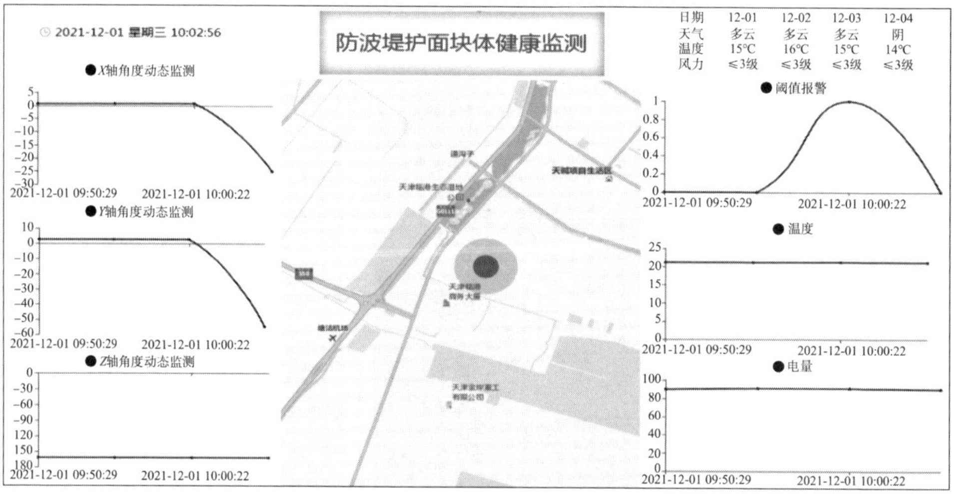

图2-40　护面块体发生大幅度摇摆时产生的报警阈值变化

2.4.3　搭建护面块体动态健康监测平台的结构流程

第2.2节研究了护面块体的位姿变化，所得到的稳定性数与碰撞数之间的规律曲线图和护面块体在不同水位处的最大冲击速度不能动态反映护面块体在受到外力作用下的位姿变化情况。第 2.4 节研究了试验块体在外力作用下的摇摆角度对自身稳定性及周围护面块体稳定性的影响，当试验块体发生失稳时角度值会发生突变，这一失稳瞬间的过程不能被监测到。

当护面块体受到外力作用时其自身的位姿会发生小幅度的变化，这种微小的变化借助姿态监测传感器可以被测量到，表现为 OneNET 物联网云平台页面中 X，Y，Z 三轴角度的变化，通过动态监测三轴角度的变化大小来判断摇摆碰撞的剧烈程度，然后选择合理的水位安放护面块体。

护面块体持续受到外力作用时会发生瞬间失稳，在研究中发现试验块体摇摆角度对自身及周围护面块体的影响均会伴随着失稳瞬间角度值发生突变，为了能更好地监测到该突变的发生时刻的角度值，在 OneNET 物联网云平台页面中设置报警阈值模块曲线图来实现动态的监测，当失稳瞬间的角度突变值超过设置的数值时，报警阈值模块曲线图就会产生数值的变化。

通过搭建 OneNET 物联网平台将防波堤护面块体的位姿变化信息与块体失稳瞬间产生的角度突变值相结合，从而实现动态健康监测，这一实现过程如图 2-41 所示。

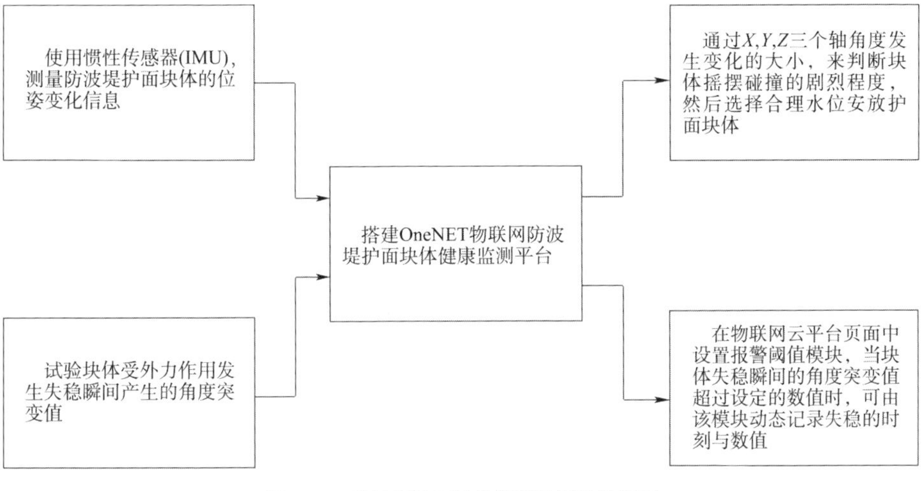

图 2-41　防波堤护面块体健康监测结构框图

2.4.4　防波堤护面块体健康监测平台的试验验证

作为物联网感知层，其对应的设备首先应满足无线通信、低功耗自供能、数据稳定可靠。此外，由于护面块体处于潮差区和浪溅区的恶劣环境，因此监测设备自身应具有优良的耐候性能（即防水、防海水腐蚀和海洋生物污损等）。防波堤智能护面块体姿态监测设备设计如图2-42所示,设备需满足的技术要求如表2-4所示。

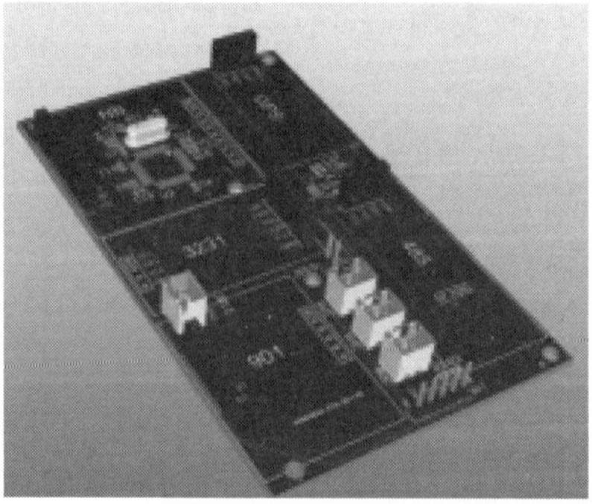

图2-42　防波堤智能护面块体 Smart Block

防波堤智能护面块体 Smart Block 技术要求　　表2-4

序号	技术要求	备注
1	外形圆润低矮,流线型	传感器时刻受海岸波浪水流冲击,圆润低矮的外形可减小阻力
2	光伏补能(整个传感器水平面积包络在直径20~24cm圆内即可,在此基础上光伏面积越大越好)	长续航5年以上;海边光照良好,可利用
3	防水防尘IP68	海岸有潮汐,传感器每天会被1~3m水深的水浸没数小时,故建议考虑电子灌封工艺
4	防爆IK10或足够坚固即可	采用高强度材质外壳,出于长寿命、免维护考虑
5	采集数据须含二轴/三轴倾角、温度、电量,可内置全球卫星导航系统(GNSS)定位	可视化关键数据
6	NB通信方式,如遇到涨潮被水淹没,无通信信号,无法发送报文,系统无需反复尝试连接网络,以减少耗电	避免LORA基站/网关
7	外界环状指示灯	便于识别传感器工作状态,且蓝光或绿光有一定美观装饰、吸引生物作用

本试验采用已经搭建好的防波堤护面块体健康监测平台与实际工程中的姿态监测传感器(图2-43)相关联来采集数据。

姿态监测传感器安放位置处海浪的潮汐变化(通过我国沿海城市潮汐变化官网获取),如图2-44所示。

图2-43　姿态监测传感器在实际工程中安放的位置

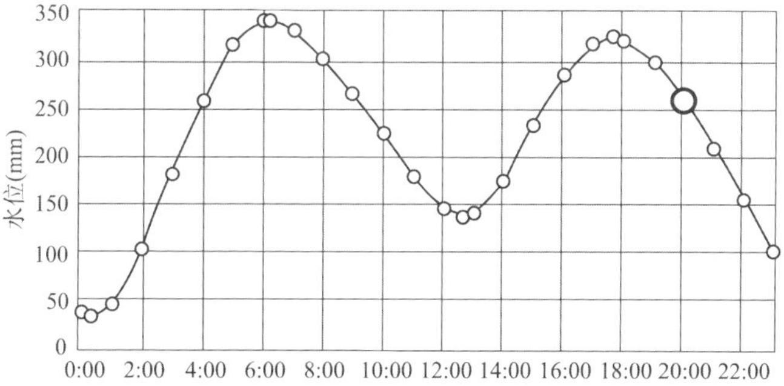

图2-44　潮汐变化水位表

注：X轴为1d24h；Y轴为此时潮高；○为当前潮水位置。

设置姿态监测传感器的采样时间间隔为3h，利用姿态监测传感器对防波堤护面块体X、Y、Z三个轴角度变化进行为期3d的健康监测，如图2-45～图2-47。将监测数据与当地的潮汐表水位变化进行比对分析，见表2-5。

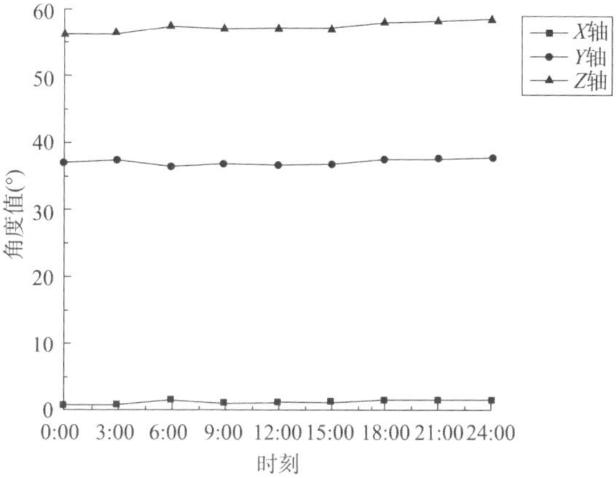

图2-45　第一天三轴角度健康监测

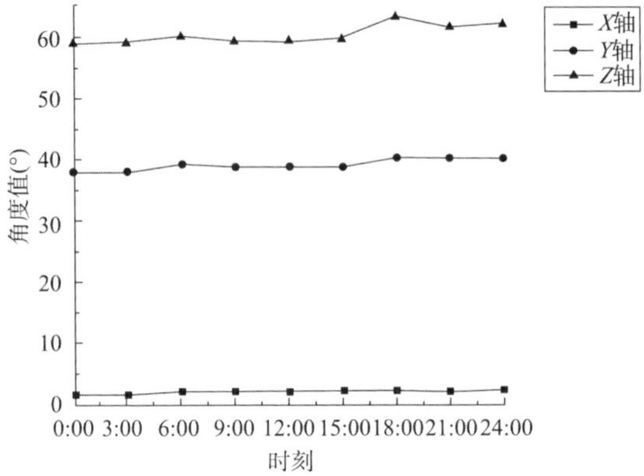

图 2-46　第二天三轴角度健康监测

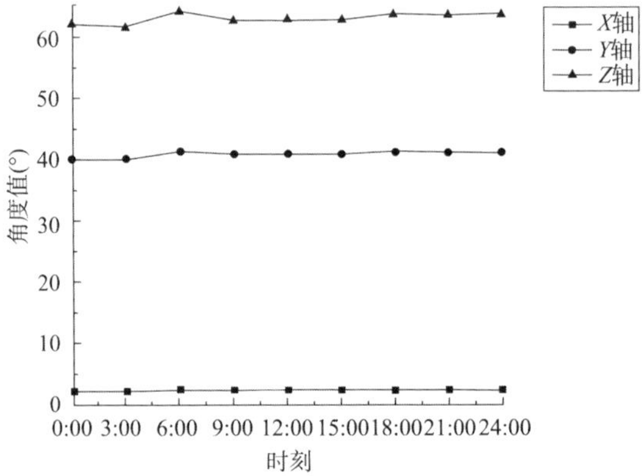

图 2-47　第三天三轴角度健康监测

监测数据　　表 2-5

时刻	X 轴角度监测	Y 轴角度监测	Z 轴角度监测	阈值报警
1-0:00	0.8412°	37.2134°	56.3214°	0
1-3:00	0.8743°	37.6513°	56.4123°	0
1-6:00	1.6213°	36.5463°	57.6321°	0
1-9:00	1.1589°	36.9876°	57.0231°	0
1-12:00	1.1985°	36.8795°	57.1634°	0
1-15:00	1.2546°	37.0214°	57.0651°	0
1-18:00	1.5321°	37.7985°	58.2314°	0

续上表

时刻	X 轴角度监测	Y 轴角度监测	Z 轴角度监测	阈值报警
1-21:00	1.5678°	37.8114°	58.3641°	0
1-24:00	1.5701°	37.8622°	58.6301°	0
2-0:00	1.5701°	37.8622°	58.6301°	0
2-3:00	1.5722°	37.8512°	58.7982°	0
2-6:00	2.2314°	38.9632°	59.7796°	0
2-9:00	2.1365°	38.6521°	59.0041°	0
2-12:00	2.1436°	38.5632°	59.1321°	0
2-15:00	2.1793°	38.5210°	59.3624°	0
2-18:00	2.3624°	40.0321°	62.9364°	0
2-21:00	2.2173°	39.9465°	61.3324°	0
2-24:00	2.2364°	39.8741°	61.6634°	0
3-0:00	2.2364°	39.8741°	61.6634°	0
3-3:00	2.2432°	39.7461°	61.2301°	0
3-6:00	2.4325°	41.2314°	63.7412°	0
3-9:00	2.3124°	40.5634°	62.3247°	0
3-12:00	2.3657°	40.5341°	62.5641°	0
3-15:00	2.3214°	40.6334°	62.4613°	0
3-18:00	2.4123°	40.9874°	63.4231°	0
3-21:00	2.4031°	40.8746°	63.3021°	0
3-24:00	2.3965°	40.7561°	63.3564°	0

从图2-45～图2-47中可以看出，每日6:00和18:00这两个时刻附近时，X、Y、Z三轴角度会产生小幅度变化，其变动范围保持在0°～5°。对比姿态监测传感器安放位置处的潮汐变化规律图(图2-44)可以看出，每日6:00和18:00这两个时刻附近是涨潮阶段，且护面块体受到波浪的冲击会产生小幅度的位姿变化，通过阈值报警模块的监测数值(表2-5)看出，这种小幅度位姿变化不影响护面块体整体的稳定性。

2.4.5 防波堤智能护面块体第三方测试

委托第三方单位深圳市讯科标准技术服务有限公司对防波堤智能护面块体

Smart Block 进行了放水、防盐雾性能检测。防水性能检测结果如表 2-6 所示，防盐雾性能检测结果如表 2-7 所示。

防波堤智能护面块体 Smart Block 防水性能检测结果 表 2-6

测试项目	测试条件	测试结果	判定结果
IPX8	浸水深度：1m；施加压力：0.01MPa；测试时间：1h	测试后，拆开检查，样品内部无进水	合格

防波堤智能护面块体 Smart Block 防盐雾性能检测结果 表 2-7

测试项目	测试条件	测试结果	判定结果
中性盐雾	盐水浓度：50g/L ± 5g/L 的氯化钠水溶液；温度：35℃ ± 2℃；喷雾量：1.4mL/80cm^2/h；氯化钠浓度：50g/L ± 5g/L；盐雾溶液 pH 值：6.9；压力桶温度：47℃；测试时间：72h	测试后，目视检查样品表面无生锈、外观无损坏等现象	合格

经测试防波堤智能护面块体 Smart Block 的防水、防盐雾检测结果均为合格。

第3章 基于多源数据融合的防波堤三维模型建立方法

基于无人机航空摄影测量和无人船水上水下一体化扫描方法，通过无人机和无人船多源数据融合，建立可呈现防波堤水上水下整体结构的三维模型。基于实测状态与设计或之前状态对比，研判当下结构健康状况，更加精准地对照分析防波堤的损坏情况以及具体的损伤位置，为防波堤结构安全监测提供一种可靠有效的预警机制。

3.1 无人机+无人船扫测技术原理

3.1.1 无人机机载激光测量技术

无人机机载激光测量技术是一种以无人机为载体，集激光测距系统、全球卫星导航系统（GNSS）和惯性导航系统（INS，以下简称“惯导”）等测绘高新技术为一体的陆地三维地理信息数据采集技术，具有灵活快速、高效便捷、低成本、精度高等特点。该技术通过 GNSS 提供飞行平台的位置同时地面架设基准站提供后差分（DGPS）数据处理所需的同步相对地理信息、激光雷达测距系统，根据激光反射测定地物与雷达的距离、惯导提供的姿态数据，并利用相关数据预处理软件计算，从而获取精确的地表地物三维地理坐标，再通过测区参数转换得到目标三维成果。其工作原理和作业流程如图3-1所示。

3.1.2 无人船多波束测量技术

无人船多波束测量技术是一种以无人船为载体，集 GNSS 定位、多波束和惯导于一体的水下三维地理信息数据采集技术。它具备组装简易、姿态校正快捷、携带方便、完整全面、测量精度高等优点。

该系统可通过岸上架设基准站提供动态实时差分（RTK）信号，为无人船多波束测深平台提供准确实时定位（也可以通过船载 GNSS 提供多波束平台位置、岸基，同时进行静态测量获取后差分数据处理所需的数据，类似于机载激光测量），多波束测取换能器与地物的距离，并实时通过船上惯导进行姿态纠正，从而直接获得准确的水下三维地理坐标，再通过参数转换获取目标成果。无人船多波束测量与无人机机载激光测量的原理如出一辙，可称为“水下激光雷达”。其工作原理和作业流程如图 3-2 所示。

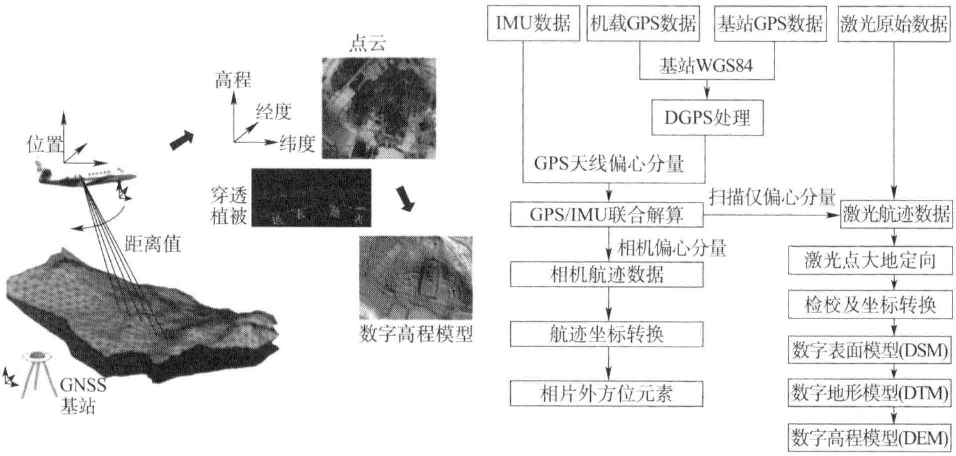

a)工作原理　　b)作业流程

图 3-1　无人机机载激光工作原理和作业流程

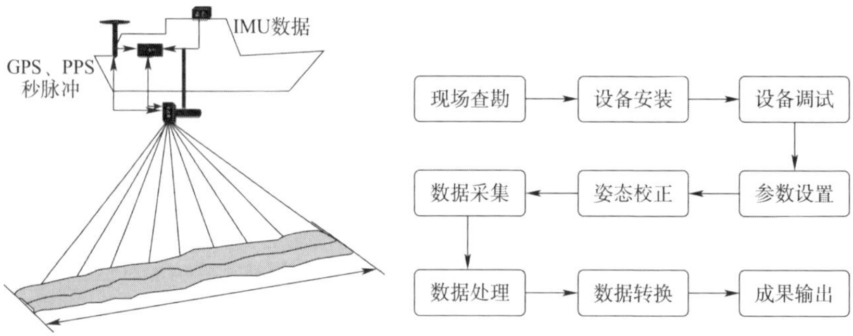

a)工作原理　　b)作业流程

图 3-2　无人机多波束工作原理和作业流程

3.1.3　无人机机载激光和无人船多波束协同作业

由于无人机机载激光和无人船多波束的工作原理相似，那么理论上就可以将二者进行协同作业。其构思原理是：在岸上架设同一基站，基站同时开启静态记录和动态差分模式，静态数据采集可供无人机机载激光和无人船多波束 GNSS 定位同时使用，动态 RTK 也同步作为无人船 GNSS 定位使用。无人机和无人船进行半自动化或全自动化作业，两套系统共用同一基站，同时独立获取三维地理数据。

3.1.4　水陆空三维数据处理关键技术

1）激光点云数据预处理

首先，无人机机载激光获取的三维地理数据需要通过专业的预处理软件计算，从而获取 WGS84 坐标系下的 LAS 格式点云，再应用测区的参数进行转换得到目标成果。其次，利用同时获取的水边线准确位置，剔除水域范围内的激光点云错误噪点。

2）多波束点云数据预处理

无人船多波束获取的三维地理数据，同样需要经过声呐等改正后获得包含噪点的原始点云数据。由于水下点云数据比较单一，除了部分噪点，其他基本为河床表面实际点云，为了使水下点云数据能和陆地激光点云数据同时进行自动化处理，必须对水下点云数据进行"粗去噪"。也就是说，对低于真实河床底部的点云进行有目的的删除，同时直接圈除水域范围外的噪点。

3）水陆三维数据后处理

分别将经过预处理的激光点云数据和多波束点云数据加载到一起，使用激光后处理软件同时进行滤波处理，去除地面或者空中的噪点，从而获得准确的水陆三维地表数据。

4）任意点验证理论

对水陆三维地表数据进行任意提取，并进行实地陆地 RTK 和水下单波束检查。

3.2　无人机 + 无人船一体化扫测技术路线

以港口防波堤结构为例，防波堤各组成部分依据位置不同可分为顶部结构及两侧斜坡段，斜坡段又可分为水面以上及水面以下两部分（图 3-3）。针对防波堤各组成部分所处位置及环境特点，选取相应智能巡检手段，其技术路线如图 3-4 所示。

无人船水上水下一体化扫描技术是近年来出现的新型测量技术。传统方式分开采集水上、水下地理信空间信息数据，该方式耗时长、人工成本高，有些地区人工难以企及，更为重要的是难以统一平面和垂直基准，工作效率及成果精度难以满足实际生产需要。水上水下无人化点云数据采集系统由水下部分多波束、水上部分激光雷达及无人测量船组成（图 3-5）。高精度点云：水上综合精度 <2cm，水下

综合精度 <3cm。该数据采集系统特点：时间同步，水上水下数据无缝拼接；定位、姿态数据实时共享，节约项目开支；集成化，提高效率；无人化，保障人员安全。其可应用于三维航道扫测、岛礁、坝体、岸提、河流港口调查、水利、水文研究等。

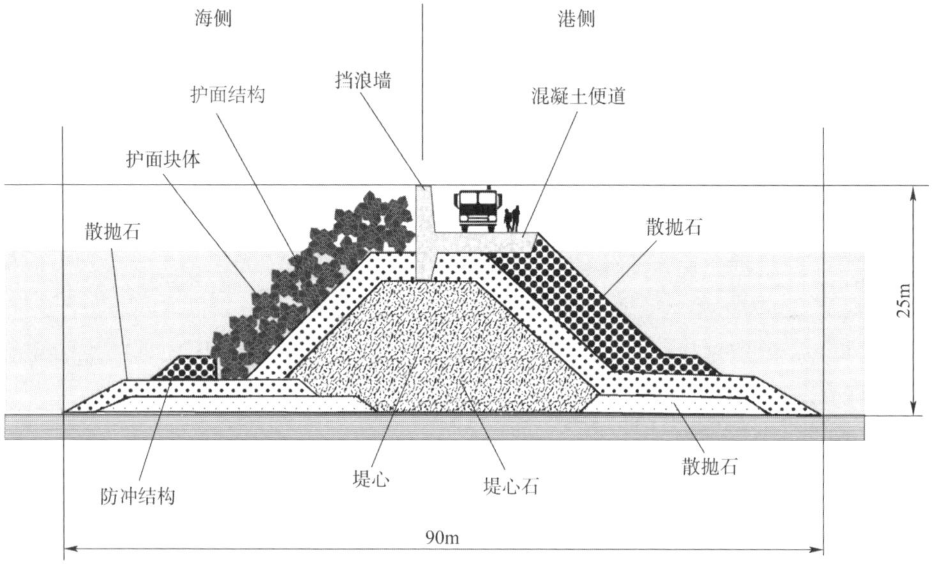

图 3-3　防波堤各组成部分依据位置可分为顶部结构及两侧斜坡段

注：斜坡段又可分为水面以上及水面以下两部分。

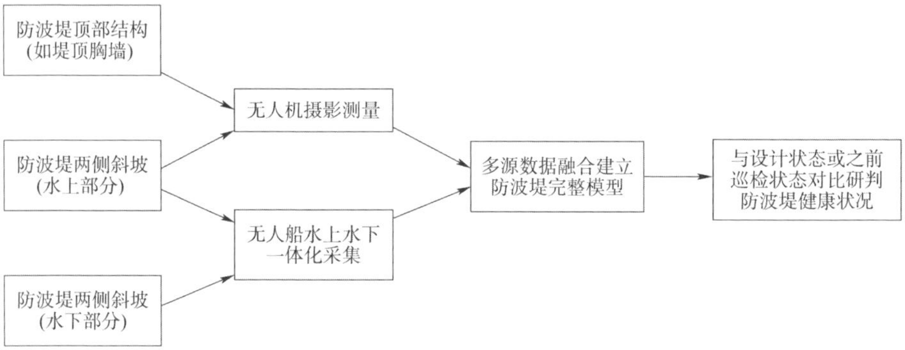

图 3-4　实现智能巡检所采用的技术路线

无人船水上水下一体化扫描无法观测防波堤顶部结构（如胸墙等），故采用成熟的无人机航空摄影测量技术巡检防波堤顶部结构（图 3-6）。无人机航空摄影系统能够携带 GNSS 接收器以及彩色数字摄影相机等，可快速、准确获取地表信息，能够得到的超高分辨率数字影像及高精度定位数据，并可以生成二维正射影影像图（orthomosaics）及三维数字表面模型（DSM）可视化数据等，这些数据能够为实际工程测绘提供决策依据。该系统应用于防波堤巡检时，无人机按预先规划航线自主完成沿防波堤（护岸）飞行，并不间断垂直向下拍摄照片，获取大量的覆盖完全并具有一定重叠度的数码照片，同时记录全球定位系统（GPS）定位信息；利用摄影测量后处理软件获取带有地理信息的防波堤（护岸）2D正射影像和3D数字表面模型数据，以识别并测量防波堤（护岸）的变形和破损形状。

通过图像拼接技术将无人船与无人机多源数据融合起来，构建可呈现防波堤整体面貌的三维模型（图3-7）。基于实测状态与设计或之前状态对比研判当下结构健康状况，更加精准地对照分析防波堤的损坏情况以及具体的损伤位置（图3-8），为防波堤结构安全监测提供一种可靠有效的预警机制。

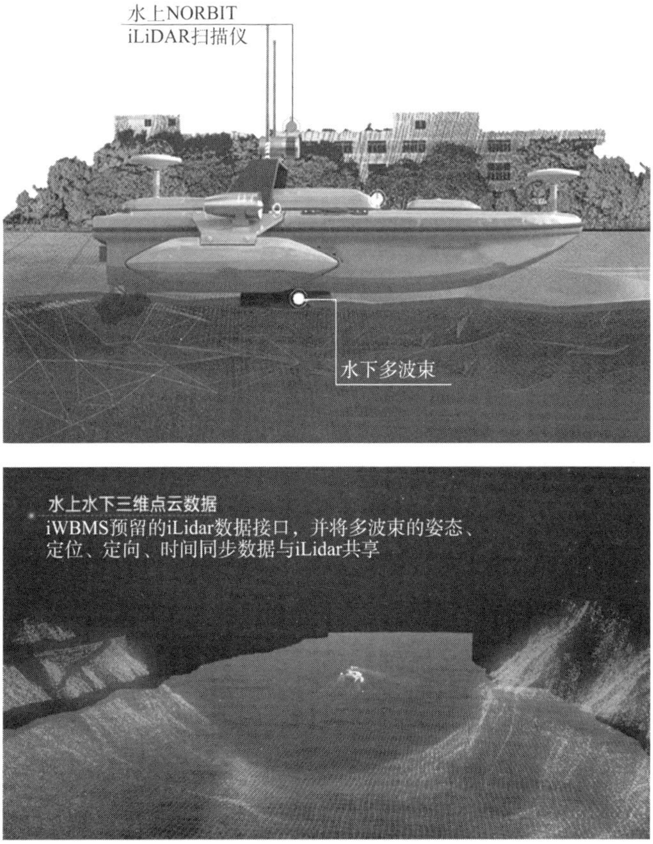

图3-5 无人船水上水下一体化采集

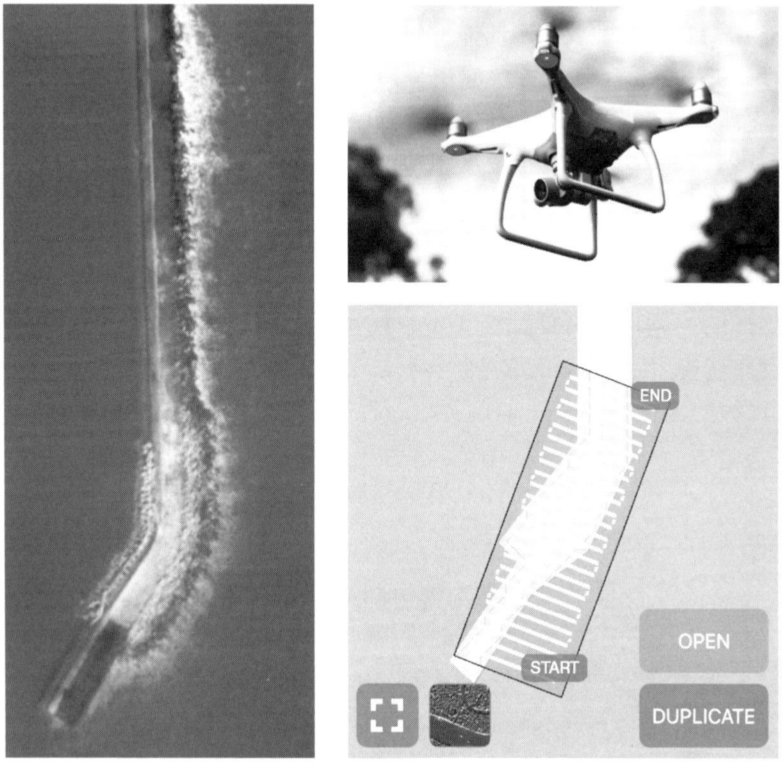

图 3-6　无人机沿规划航线自动拍摄防波堤顶部结构及两侧水上斜坡段

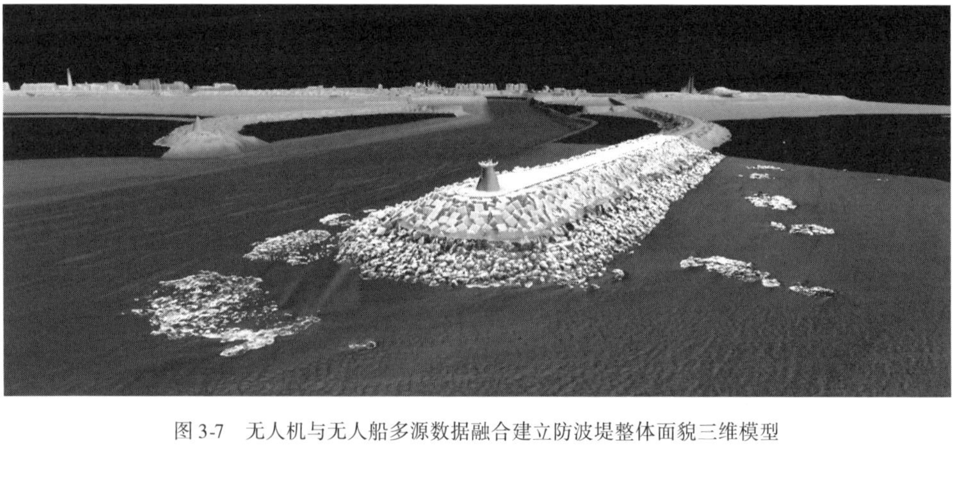

图 3-7　无人机与无人船多源数据融合建立防波堤整体面貌三维模型

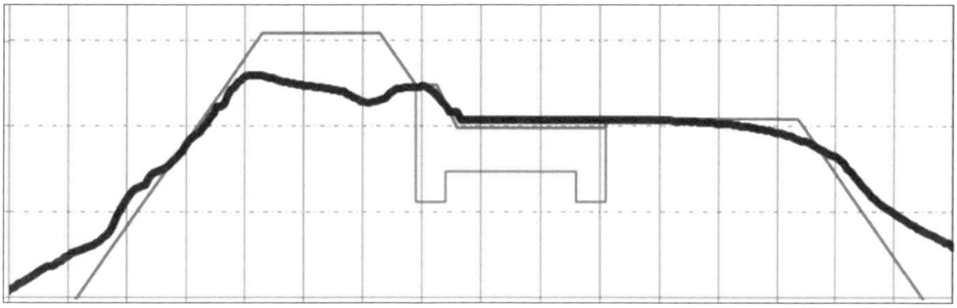

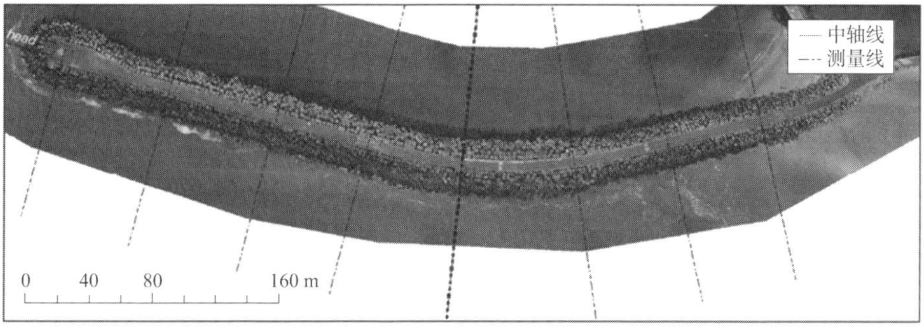

图 3-8　从防波堤三维模型提取断面与设计状态对比,研判结构健康状况

3.3　无人机+无人船智能巡检实践

3.3.1　嵊泗中心渔港新港区防波堤

测试地点为嵊泗中心渔港新港区防波堤,测试时间为2023年5月。

现场测绘采用无人船多波束测绘方案及无人机激光雷达测绘方案。无人船多波束测绘系统在高潮位采集防波堤水下部分外形点云数据,无人机激光雷达测绘系统在低潮位采集防波堤水上部分外形点云数据。外业设备如图3-9所示。

由无人船、无人机采集的点云数据可通过点云分析软件进行查看和处理。本项目采用LiDAR360激光雷达点云数据处理软件(图3-10)。

内业流程如图3-11~图3-14所示。

3.3.2　嵊泗沈家湾薄刀嘴防波堤

测试地点为嵊泗沈家湾薄刀嘴防波堤,测试日期为2023年5月、2021年11月。

现场测绘采用无人船多波束测绘方案及无人机激光雷达测绘方案,无人船多波束测绘系统在高潮位采集防波堤水下部分外形点云数据,无人机激光雷达测绘系统在低潮位采集防波堤水上部分外形点云数据。外业设备如图3-15所示。

图3-9　外业设备(1)

图3-10　内业软件

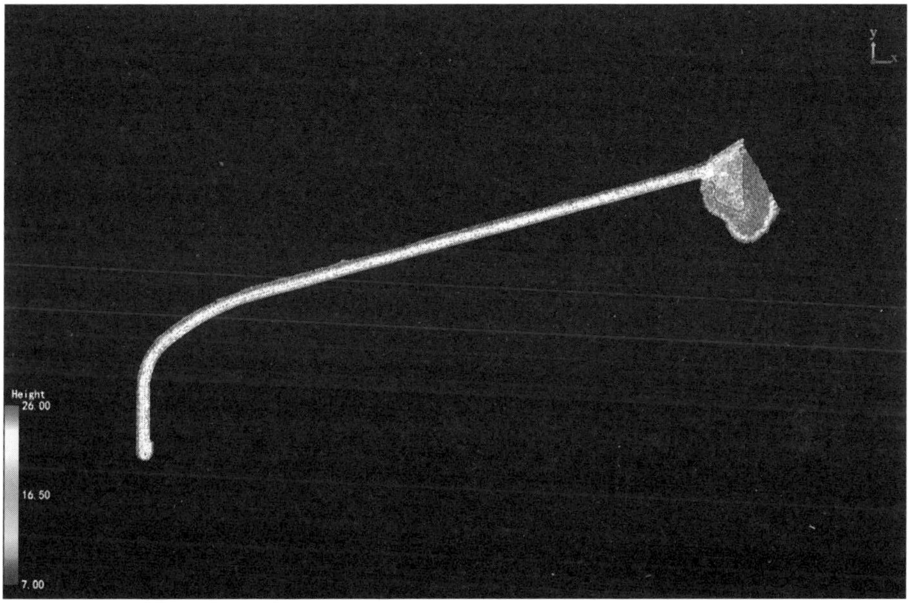

图 3-11　添加无人机采集的防波堤水上部分点云数据图(1)

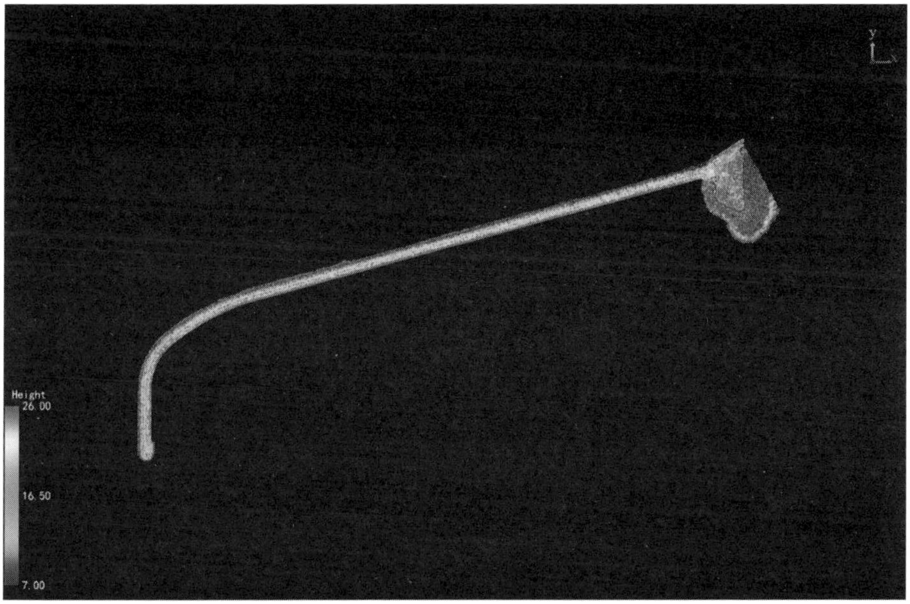

图 3-12　添加无人船采集的防波堤水下部分点云数据图(1)

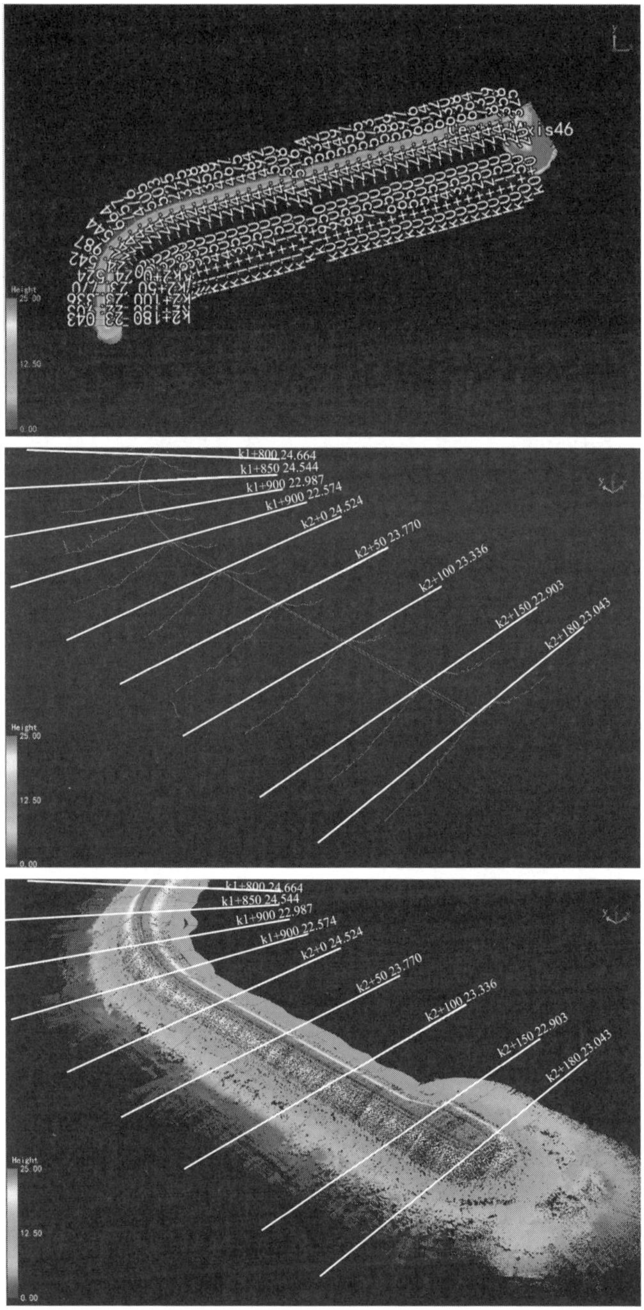

图 3-13　从防波堤水上水下一体化点云数据提取实测断面图(1)

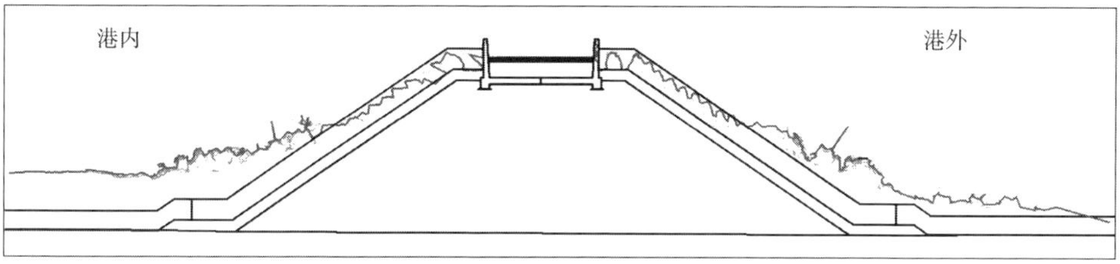

图 3-14　将实测断面与设计断面对比分析结构相对变形(1)

图 3-15　外业设备(2)

内业流程如图 3-16 ~ 图 3-19 所示。

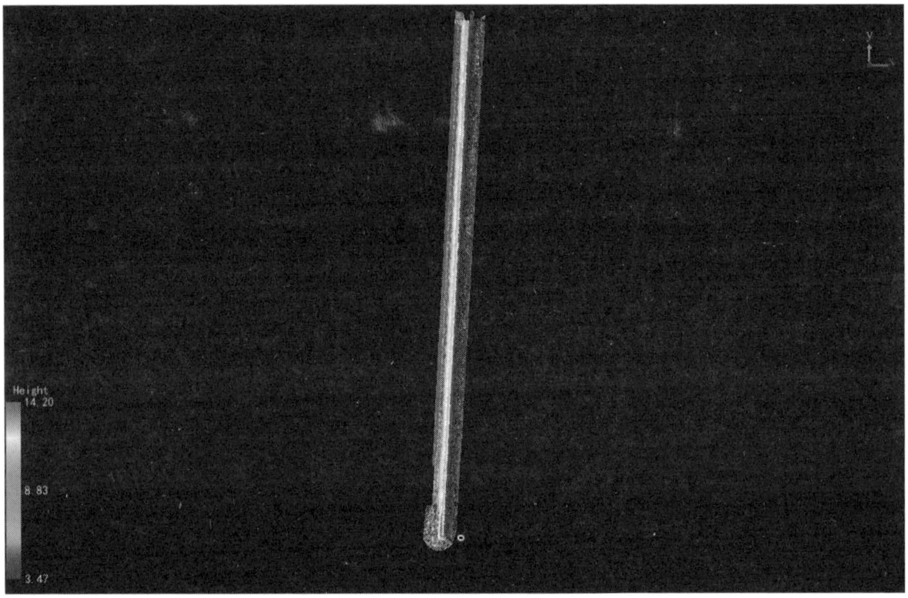

图 3-16　添加无人机采集的防波堤水上部分点云数据图(2)

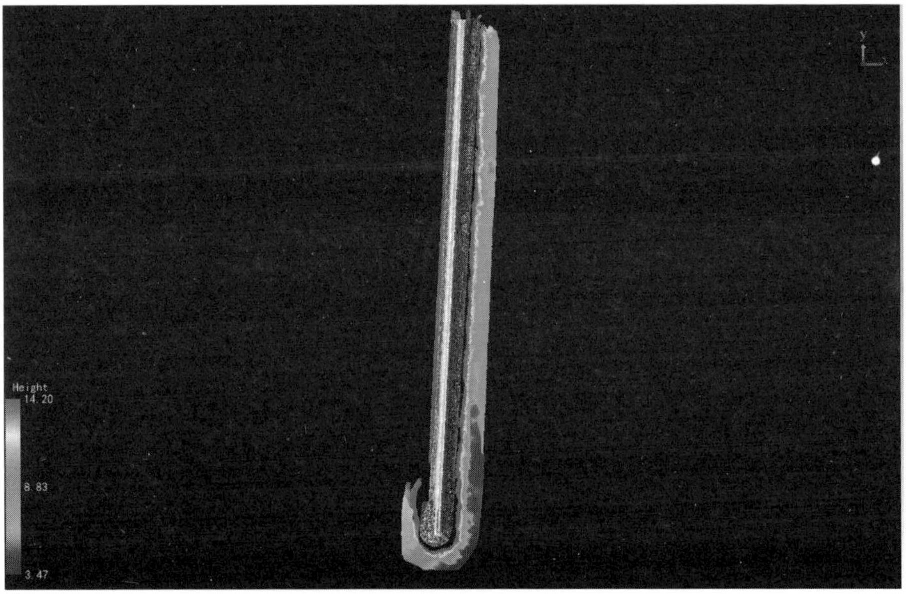

图 3-17　添加无人船采集的防波堤水下部分点云数据图(2)

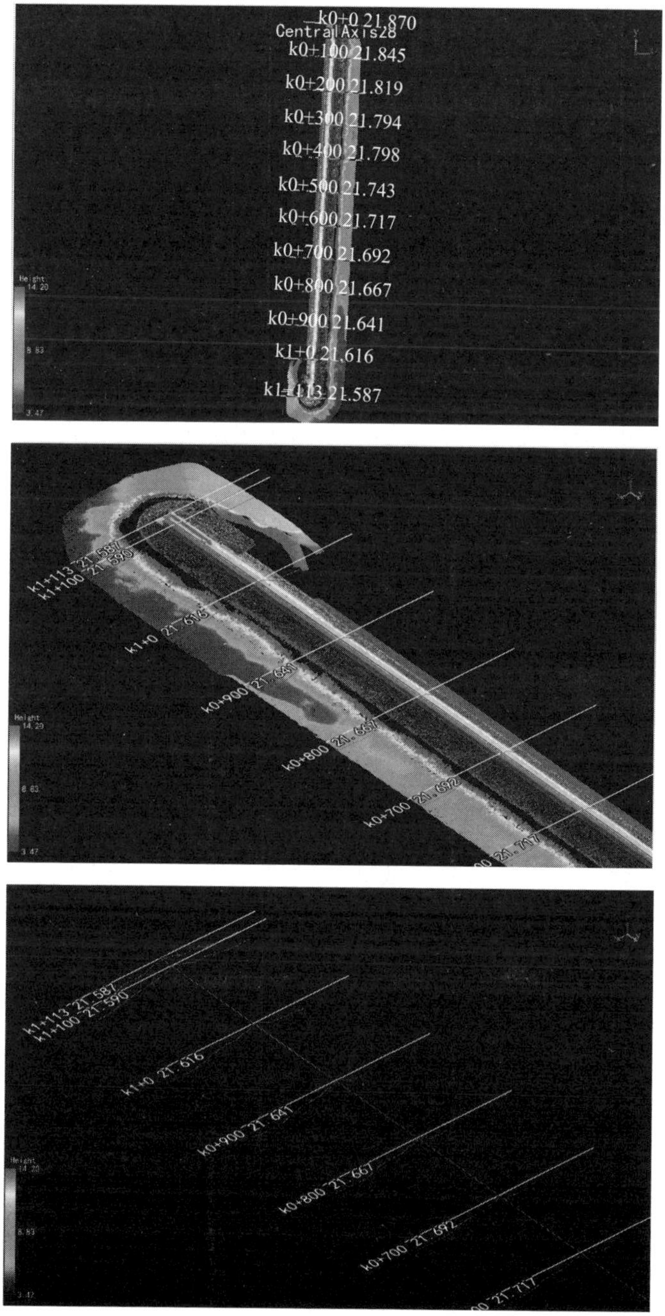

图 3-18　从防波堤水上水下一体化点云数据提取实测断面图(2)

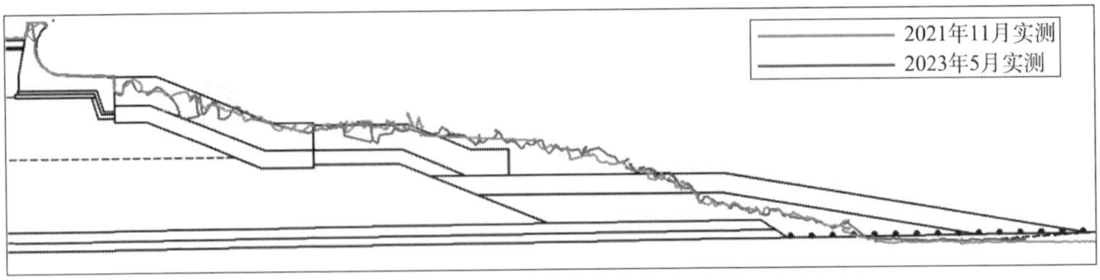

图 3-19　将实测断面与设计断面对比分析结构相对变形(2)

3.3.3　温州港状元岙港区二期护岸

测试地点为温州港状元岙港区二期护岸,测试时间为 2021 年 6 月。

现场测绘采用无人船多波束测绘方案及无人机激光雷达测绘方案,无人船多波束测绘系统在高潮位采集防波堤水下部分外形点云数据,无人机激光雷达测绘系统在低潮位采集防波堤水上部分外形点云数据。外业设备如图 3-20 所示。

图 3-20　外业设备(3)

由无人船与无人机采集的点云数据可通过点云分析软件进行查看和处理。本项目采用 LiDAR360 激光雷达点云数据处理软件。

内业流程如图 3-21 ~ 图 3-23 所示。

无人机机载激光和无人船多波束水陆一体化三维测量技术的具体实践证明,该技术不仅测量精度高,而且可操作性很强。它为未来水上水下更深入联合作业提供了有效的参考依据。其作为目前获取最完整的水陆三维数据的一种测量技术,可为防波堤水上水下三维数字结构奠定基础。

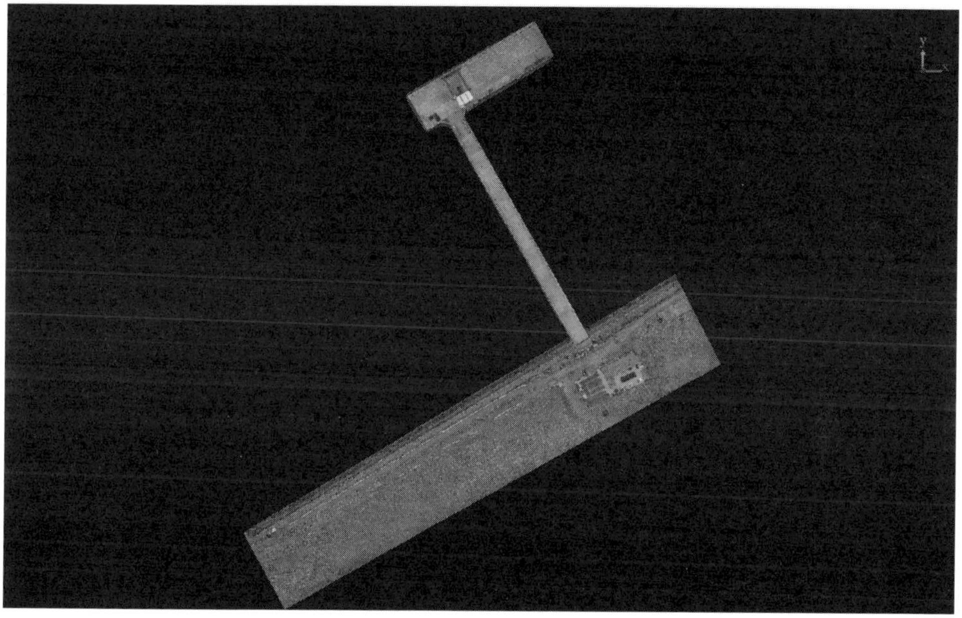

图3-21 添加无人机采集的防波堤水上部分点云数据图(3)

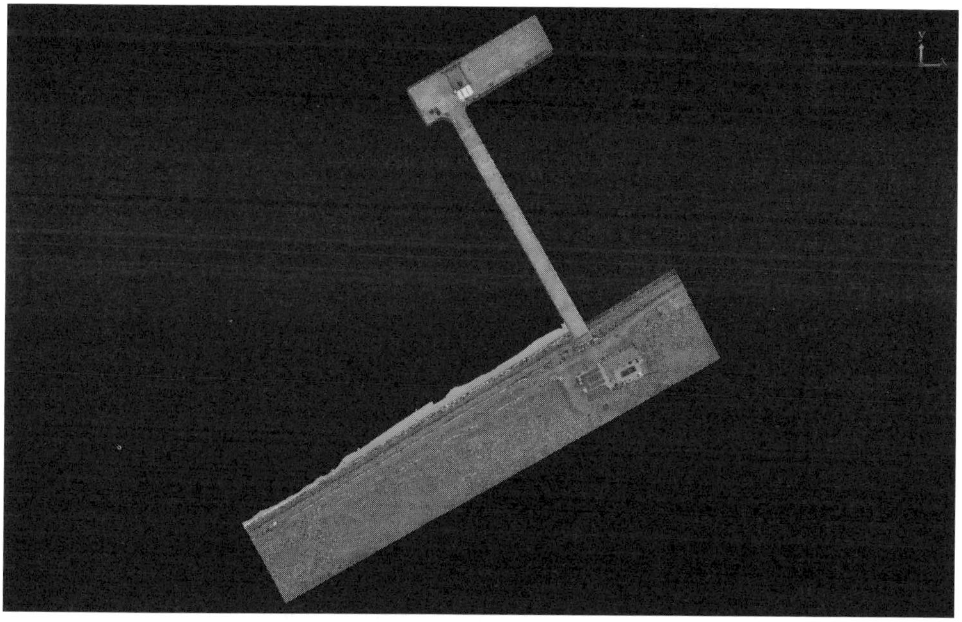

图3-22 添加无人船采集的防波堤水下部分点云数据图(3)

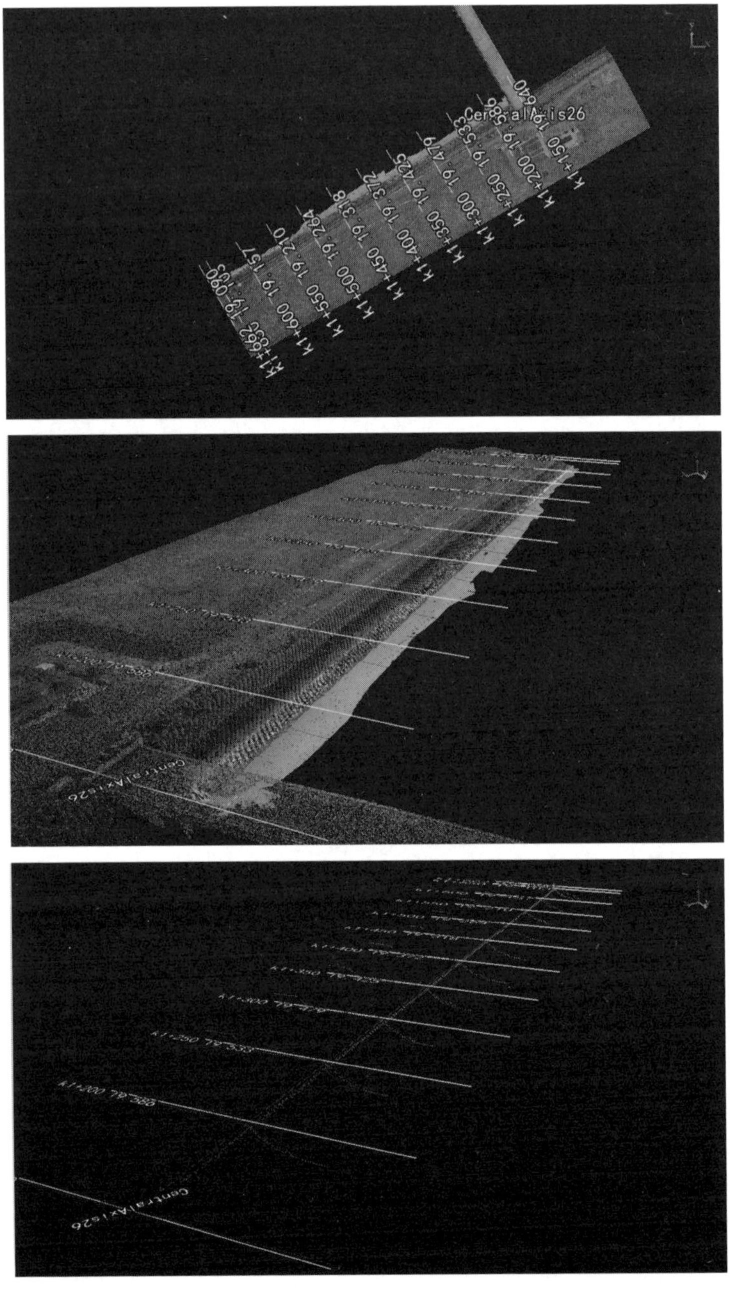

图3-23 从防波堤水上水下一体化点云数据提取实测断面图(3)

第 4 章　防波堤护面块体智能识别技术研究

防波堤是港口工程的重要基础设施,防波堤的建设成本占港口总成本的 50% ~ 60% ,因此防波堤健康监测尤为重要。防波堤主要包括护面垫层和护面层,防波堤损伤通常发生在这些位置,如图 4-1 所示。防波堤损伤通常与护面层的块体不稳定有关。防波堤护面层损伤意味着扭王字块在波浪的作用下失去稳定性,离开其原位置,暴露护面垫层,防波堤开始产生损伤,如果及时检测并采取相应措施,可将损害最小化。现有技术对防波堤护面层进行详细调查非常费时,因此,提出一种基于计算机视觉的防波堤护面层破坏的识别方法,可以快速地识别防波堤护面块体发生位移的区域。

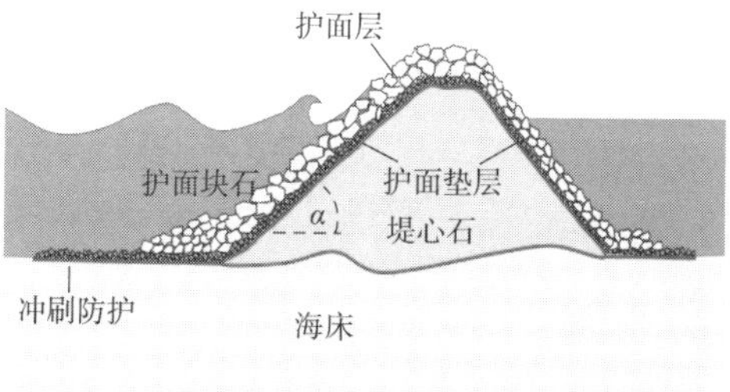

a) 典型防波堤的结构

b) 防波堤核心破坏

c) 防波堤护面垫层和护面层破坏

d) 防波堤护面层扭王字块偏离原位置

图 4-1　防波堤损坏的典型形式

4.1 防波堤护面块体数据集建立

4.1.1 数据集构造

由于防波堤独特的地理位置,采集到真实场景下的防波堤图像极具挑战性。这些防波堤图像具有以下特征:

(1)背景干扰少,例如行人、车辆以及其他建筑物等背景噪声。

(2)图像中的防波堤的护面块体尺寸相近。

(3)护面块体密集排列,且相邻块体之间存在重叠现象。

为保证图像与实际应用场景的一致性,在收集防波堤护面块体图像时确保拍摄视角垂直于防波堤,并控制拍摄距离,以避免因拍摄距离而引发目标尺度剧烈变化。

通过无人机拍摄和网络爬虫技术收集防波堤护面块体图像。然而,由于所获取的数据集规模有限,而且使用的模型参数众多,导致模型在训练过程中出现过拟合现象,如图4-2所示。为了解决这个问题,本书采用了数据增强和三维渲染技术来扩充SUD2022数据集。

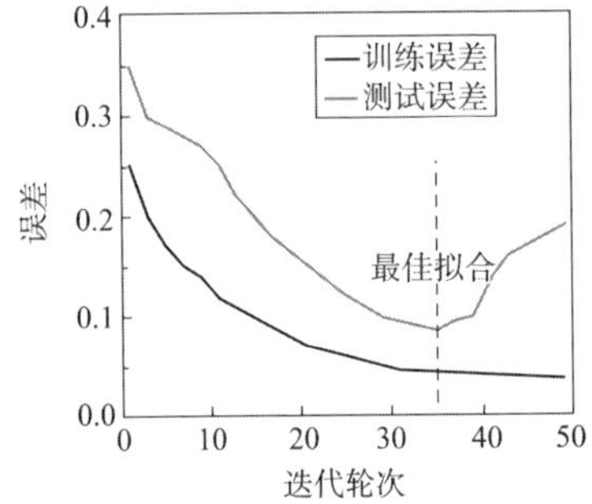

a)过拟合现象

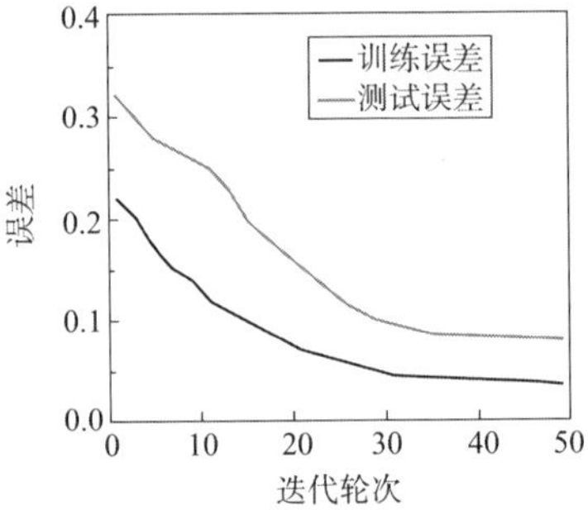

b)收敛的模型

图4-2 训练过程中的过拟合现象

图4-3展示了防波堤扭王字块数据集SUD2022的部分图像样本。具体而言,图4-3a)展示了通过关键字和以图搜图搜索技术从互联网收集的图像,其中,关键字包括“防波堤扭王字块”“扭王字块”“accropode”等,使用搜索引擎如百度和谷歌进行搜索。这种方式得到的图像数量相对较少,需要进一步筛选,以满足数据集构建的要求。图4-3b)展示了使用无人机和数码相机在实际工程现场拍摄获取的图像。这种方式获取的图像是按照数据集构建的要求进行拍摄的,在经过简单的后

处理之后可以直接用于数据集构建。图 4-3c)展示了通过三维渲染软件按照扭王字块的形状和尺寸规则生成的图像。这种方式可以根据需求灵活生成图像。图 4-3d)展示了通过裁剪、旋转、缩放、添加噪声、调节亮度、调节饱和度以及高斯模糊等多种数据增强技术生成的图像。这种方式可以对前三种方式获取的图像进行数据增强，进一步扩充了数据集。采用这四种方式获取图像来构建数据集，大幅减少了模型过拟合的问题。

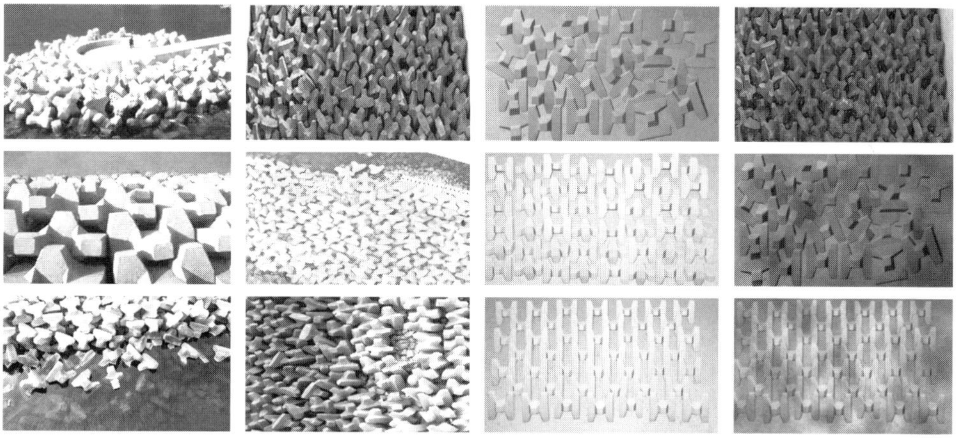

a) 通过互联网搜索的图像　b) 现场拍摄的图像　c) 三维渲染生成图像　d) 数据增强生成图像

图 4-3　SUD2022 数据集部分样本示例

4.1.2　数据清洗

如图 4-4 所示，搜集的图像中存在不符合数据集构建标准的噪声图像，需要通过设计数据清洗规则进行筛选。因此，设计了数据清洗规则，采用人工手动的方式进行数据清洗。

图 4-4a)展示的图像样本由互联网搜集，其中第一行列出的图像拍摄角度未能满足垂直于防波堤护面的要求，导致难以准确识别扭王字块；第二行列出的图像则属于其他类型的防波堤护面块体，与本研究的需求不符，因此需要手动剔除。图 4-4b)中的图像样本包含过多背景，需进行裁剪以保留所需的图像区域，这一步骤有助于减小图像的尺寸，从而减少在模型训练过程中的内存占用和处理时间。

4.1.3　数据标注

在构建可以用于训练和评估模型的高质量数据集过程中，数据标注起着极其重要的作用。准确性、一致性及详尽性是构造有效数据标注的核心原则，不仅有助于生成更高精度的模型，同时为研究者提供一个可靠的评估基准。标注的方式包含关键点标注、目标检测（对象边界框标注）、语义分割及实例分割（实例分割掩码）等。

a) 通过互联网搜集的图像中不符合数据集构建要求的图像

b) 去除搜集的图像中的无关背景

图 4-4　SUD2022 数据集清洗

对于关键点标注，它主要用来识别物体或人体上的特定关键点，如在人脸上标注眼睛、鼻子、嘴巴等位置。标注人员通常会借用点标注工具表示这些关键点，同时记录下各个关键点的坐标，以便于在面部识别或姿态估计等任务中使用。在图像中标识出物体的位置通常以一个包围物体的矩形框来展现（即物理边界框标注），通过图像工具描绘矩形框并记录下其位置和大小信息，如坐标、宽度和高度，它在目标检测和物体识别等任务中被广泛应用。实例分割掩码标注更进一步地为实例的每个像素分配了一个标签，以此区分实例像素与背景像素，虽然这种方法的标注过程相对复杂，标注效率低，但其在语义分割和实例分割等任务中发挥了重要作用。

扭王字块具有复杂的结构，在实际使用过程中相邻的扭王字块会按照一定的重叠度摆放，以确保扭王字块的稳定性。然而，对相互重叠的扭王字块进行精确标注是一项具有挑战性的任务。为了在标注过程中能够更好地识别每个扭王字块并保证标注的准确度,本书采用了实例分割掩码方法,为每个扭王字块创建一个二进制掩码图像,其中的每个像素都对应于特定的扭王字块。这样的掩码不仅让研究者能够清晰地划定每个扭王字块的边界,同时提供了高精度的像素级标注,使研究者能够更加深入地理解和分析扭王字块的特性。下面详细阐述扭王字块的标注规则。

首先,采用多边形工具对扭王字块进行标注。每个扭王字块的标注都需要通过一个封闭的多边形来展现,确保其起始和终点一致,精准描绘出扭王字块的轮廓。其次,多边形的标注过程中需要尽可能贴近扭王字块的边界,尽量避免留白,但也不能超出扭王字块的实际边缘。在标注过程中,也需避免出现多边形自交情况,即边缘不能相互交叉或穿越多边形内部。再次,对于一些模糊的、边界难以明确定义,或是位于水下的扭王字块,不对其标注,如图 4-5 所示。

图 4-5 扭王字块图像中模糊(上方虚线框区域)和水下区域(下方虚线框区域)

基于以上标注规则,本书使用开源标注工具 Labelme 对 SUD2022 数据集进行标注,如图 4-6 所示。在完成对训练集和验证集所有图像的标注工作后,每张图像都将生成一个相应的 JSON 格式标签文件。与此同时,训练集和验证集的 JSON 文件被转换为两个 COCO 格式的标注文件。COCO 格式文件是两个分别包含训练集和验证集的图像信息和标注信息的 JSON 文件,它们将数据集中的图像、类别、分割边界等信息以一种结构化的方式进行描述。图 4-7 显示了 SUD2022 数据集文件目录结构。可以看到,SUD2022 数据集的根目录下包含四个文件夹:annotations、train、val 和 test,分别用以存放标注文件、训练集图像、验证集图像和测试集图像。其中,annotations 文件夹有两个文件,分别为 instances_train. json 和 instances_val. json,它们分别是训练集和验证集的标注文件。train 文件夹包含 606 幅图像,编号为 tr_001. jpg 到 tr_606. jpg;val 文件夹包含 50 幅图像,编号为 va_01. jpg 到 va_50. jpg;test 文件夹包含 73 幅图像,编号为 te_01. jpg 到 te_73. jpg。

图 4-6 标注工具 Labelme 示意图

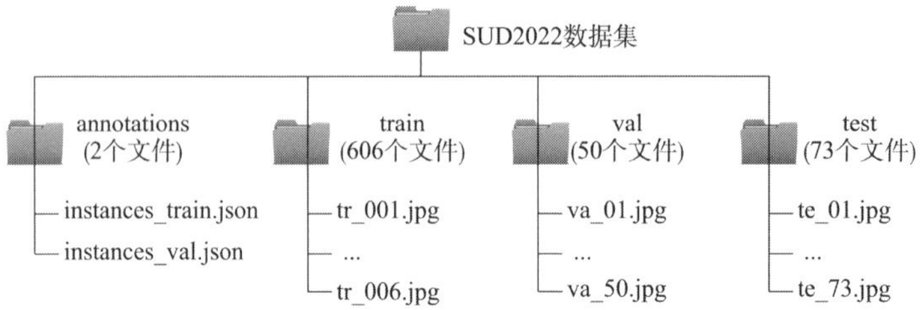

图 4-7 SUD2022 数据集文件目录结构

4.1.4 数据集统计分析

通过图像的搜集、清洗和标注等一系列工作,本书构建了首个聚焦于单一类别防波堤护面块体数据集 SUD2022。该数据集包含 729 幅图像,总计 23807 个扭王字块实例,平均每幅图像包含 32.65 个扭王字块实例,具体的数据集划分如图 4-7 所示。

在 SUD2022 数据集中,图像的尺寸并未经过统一处理。为了实现更精准的比较分析,本书采用了图像的高度、宽度和面积,对图像中的实例尺寸进行了归一化处理。图 4-8a)、b)分别呈现了宽高归一化后对应的实例数量分布,图像中实例的宽高与图像宽高的比值主要集中在 0.05 ~0.3。由图 4-8c)可知,实例高和宽的比值集中在 0.9 左右,表明图像中的大多数实例形状接近正方形。图 4-8d)展示了每个实例的掩码面积和整个图像面积的比值分布情况,观察发现实例的面积比值主要集中在 0.005 ~0.02,表明大部分实例的面积未超过图像总面积的 20%。此外,图 4-8e)分析了图像中实例数量的分布情况,由图可知,有 65 张图像包含 53 个实例,单张图像中实例最大数量达到 81 个,最少为 5 个。最后,本书与现有的流行数据集进行了比较,包括 COCO、PASCAL VOC、Open Images 和 ILSVRC,如图 4-8f)所示。由图 4-8f)可知,SUD2022 数据集单张图像的最大实例数量显著高于上述四个数据集。SUD2022 数据集在处理复杂视觉场景和密集实例布局方面具有优势。

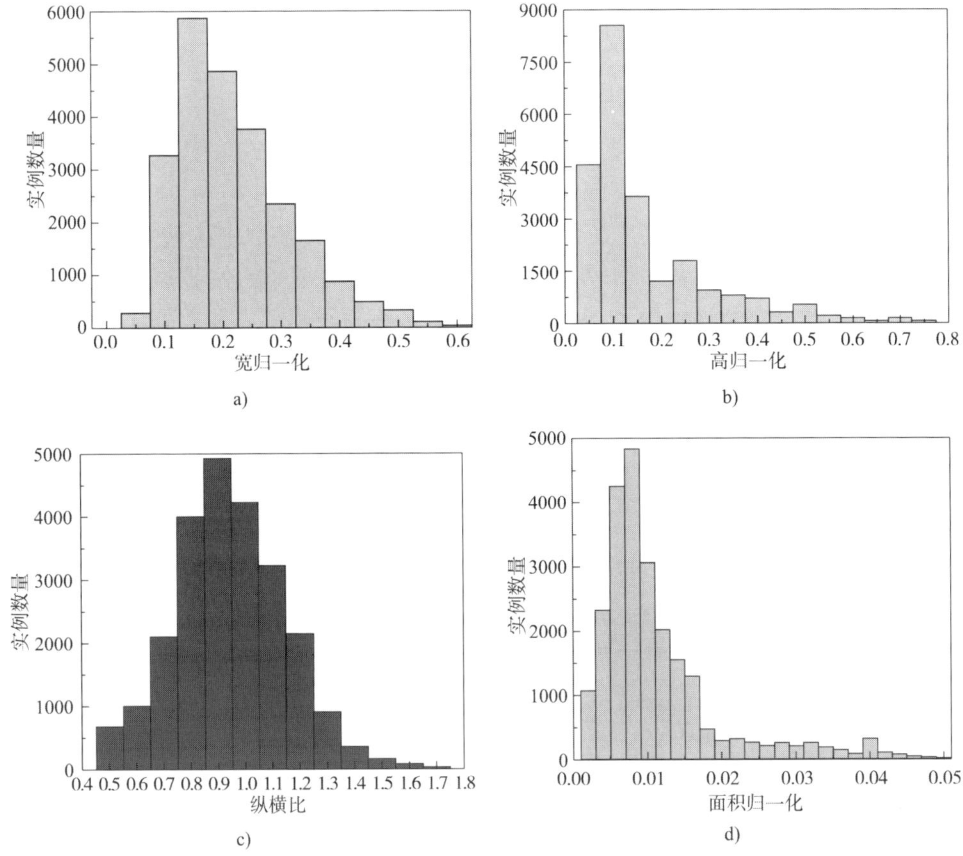

图 4-8

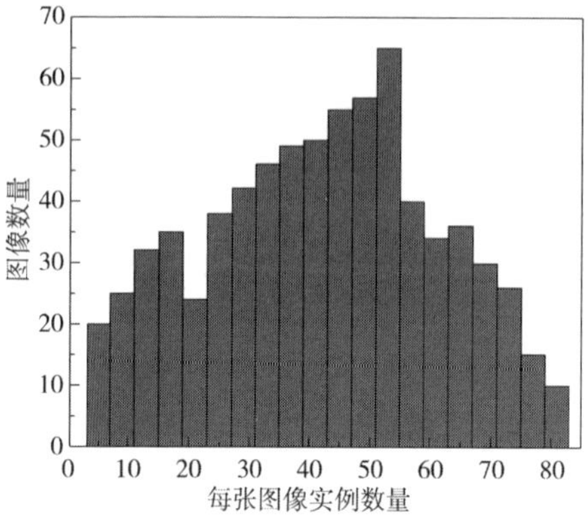

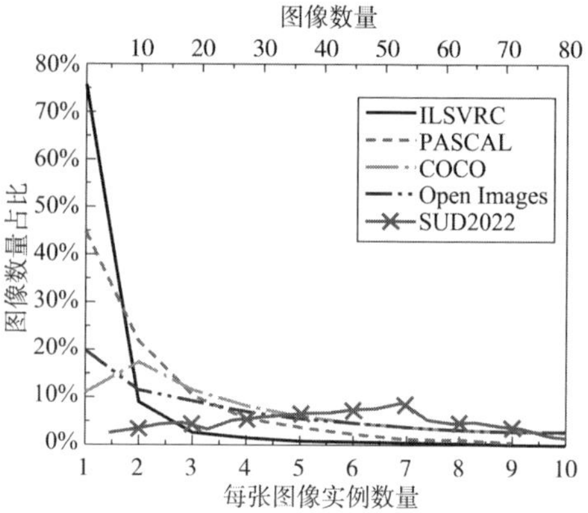

图 4-8　SUD2022 数据集的统计结果

综上所述,SUD2022 数据集具有以下特点:①单类别数据集,只专注于防波堤扭王字块;②图像中实例分布密集,且实例之间存在一定程度的遮挡和重叠现象;③与图像尺寸相比,大部分的实例尺寸较小;④实例采用多边形分割掩码标注,相比传统的矩形标注,多边形分割掩码标注提供了像素级的精确标注,更准确地描绘目标的形状和轮廓。

通过采集、清洗、标注扭王字块图像,不仅解决了数据获取中的诸多问题,而且成功构建了具有高度挑战性和应用价值的 SUD2022 数据集。此数据集的构建为后续的深度学习模型训练提供了宝贵资源,尤其是在处理密集和重叠实例的场景中展现了其独特的优势。未来工作中可以在此基础上进一步探索和开发更为先进的算法,以提高模型在复杂场景下的识别精度和鲁棒性。

4.2　基于 Mask R-CNN 的防波堤护面块体识别模型

4.2.1　Mask R-CNN 基本结构

Mask R-CNN 主要框架如图 4-9 所示,Mask R-CNN 网络是基于 Faster R-CNN 改进而来的,该网络使用 RolAlign 代替了 RoIPooling,并添加了一个用于预测目标掩膜(mask)的新分支,上部为 Faster R-CNN 框架,下部是在 Faster R-CNN 基础上新增的实例分割网络。常用的 Mask R-CNN 的主干网络有 ResNet50 和 ResNet101,主干网络的选择直接影响特征提取的最终结果,研究表明,在相同的条件下,使用 ResNet101 比 ResNet50 的网络效果更好。

本书采用 ResNet101 与 FPN 相结合的网络结构,对扭王字块图像进行特征提取。ResNet101 网络包含 101 个卷积层,通过卷积进行特征提取,形成 stage1、stage2、stage3、stage4、stage5 共 5 层特征图,不同阶段的特征图大小和维度均不同。stage5 包含很强的语义信息,但是它的特征图最小,空间信息损失很大。为了充分利用 ResNet101 网络各个阶段提取到的特征,使用 FPN 网络将不同阶段的特征图进行融合,并将融合后的特征图输入到区域候选网络。FPN(Feature Pyramid Networks)为特征金字塔网络,它在自底向上特征提取过程后增加了自顶而下的特征融合过程,并对两个过程进行横向连接,这样就将底层的空间信息和高层的语义信息融合起来,从而提升了模型的检测性能,也可以更好地检测图像中的小目标。

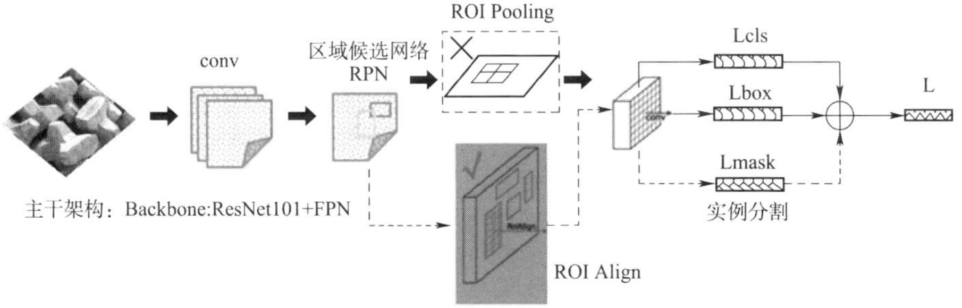

图 4-9 Mask R-CNN 框架

区域候选网络对特征图中的感兴趣区域(ROI)进行前景或背景的二值分类,并对包含块体的边界框进行回归处理,使得边界框尽量贴合块体大小。

通过区域候选网络过滤掉一部分 ROI,剩下包含扭王字块的 ROI 被输入 ROIAlign 中,调整为固定的尺寸,然后分别输入分类和边框回归两个网络。分类和边框回归网络利用训练的 ROI 分类器和边框回归器来进行扭王字块的识别,将 ROI 分为背景或扭王字块,并调整 ROI 的边界框,准确检测到扭王字块。分割掩码(Mask)网络是一个卷积网络,它以 ROI 分类器判断为前景的 ROI 作为输入,输出与 ROI 大小相同的二值化掩码。掩码的大小和形状与扭王字块一致,通过掩码对扭王字块进行分割。最后将识别与分割结果相结合,得到分割后的图像。

4.2.2 模型参数

本书使用 Windows10 操作系统,使用显卡为 NVIDIA Quadro RTX 5000,显存为 16GB。使用 Mask R-CNN-FPN-ResNet101 作主干网络。

预训练模型使用 COCO2014 数据集训练得到的权重模型,在此基础上训练适用于扭王字块识别和分割的 Mask R-CNN 模型。COCO2014 数据集是微软在 2014 年发布的大型图像数据集,包含 82783 个训练样本、40504 验证样本及 40775 的测试样本,是目标检测竞赛的常用数据集。

对最终选择的参数组合通过多次试验进行比较：

（1）取 max epoch 为 30，初始学习率取 0.001，动量默认取 0.9，试验表明，网络对块体的识别效果不佳，即网络欠拟合，模型复杂度较低；

（2）取 max epoch 为 60，初始学习率取 0.001，动量默认取 0.9，结果表明，网络会存在将一个目标检测为两个的现象，即网络过拟合，泛化能力较差。

载入预训练模型的权重对手动标注的扭王字块训练集进行训练，根据模型训练的情况对参数进行微调，最终的参数设置如表 4-1 所示。训练网络需要运行时间大约 11 h，训练完成后分割需要几秒钟。

试验参数设置 表 4-1

参数	数值
训练集样本数	12
测试集样本数	3
循环次数	100
批大小	1
迭代次数	50
学习率	0.001
权重衰减系数	5×10^{-4}

4.2.3 精确率和召回率计算

检测模型性能的重要评价指标是精确率（precision）和召回率（recall），精确率表示正确分类的目标占整个被分为该类目标个数的百分比；召回率表示正确分类的目标占该类所有目标个数的比例。在计算精确率和召回率时，使用交并比（Intersection over Union，IoU）来评估预测质量，IoU 值越大，则表明预测结果与真实值越接近。不同的 IoU 阈值与精确率和召回率的关系如表 4-2 所示。精确率和召回率的计算公式如下：

$$精确率 = \frac{N_{TP}}{N_{TP} + N_{FP}} \tag{4-1}$$

$$召回率 = \frac{N_{TP}}{N_{TP} + N_{FN}} \tag{4-2}$$

式中：N_{TP}——存在的目标块体并被正确检测出来的数量；

N_{FP}——将其他目标预测为块体的数量；

N_{FN}——将目标块体预测错误的数量。

IoU 阈值对测试结果的影响 表4-2

IoU	精确率(%)	召回率(%)
0.5	95.36	95.89
0.6	93.87	94.52
0.7	89.92	84.93
0.8	75.45	58.90
0.9	2.43	13.7

从表4-2中可以看出,随着IoU的递增,精确率和召回率逐步下降,当IoU阈值为0.9时,精确率和召回率会大幅度减小。通过比较不同的IoU阈值下的精确率和召回率,在实际应用中选择0.5作为IoU阈值,此时精确率和召回率取最大值。

4.2.4 识别结果

目标块体是指图像中需要识别的扭王字块体。图4-10是包含多个目标块体的原图和分割后的图像。图4-10a)为原图,可以看到图像中有许多有一定重叠度的目标块体;图4-10b)为使用训练好的Mask R-CNN识别后的结果,图中的多个目标块体分别被不同颜色的掩码覆盖并各自处于一个独立的虚线框内,每个虚线框上方是该框内目标块体的预测标签和分数,即该虚线框中的目标块体的类别和目标块体属于该类别的概率。本试验只对扭王字块一个类别进行训练,因此最后预测的结果只有一个类别。

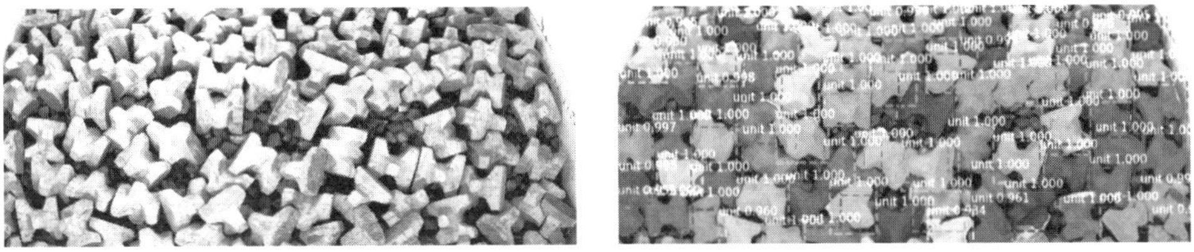

a) b)

图4-10 原图与分割后的图像样本

为了验证算法的可靠性,首先,对Mask R-CNN模型训练过程的损失函数进行分析;其次,选择3张图像作为验证集,利用Mask R-CNN对其进行分割,再进行精确率和召回率的分析。

4.2.5 Mask R-CNN 网络训练结果

Mask R-CNN在训练过程中需要计算预测结果和标注值间的损失(loss)并进行反向传播来优化模型参数,损失变化曲线如图4-11所示。

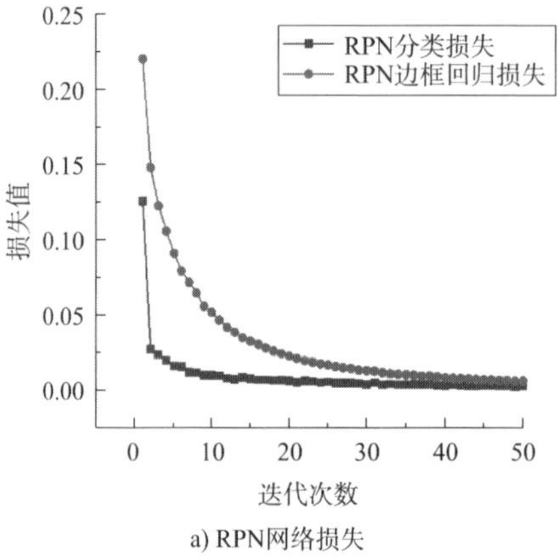

a) RPN网络损失

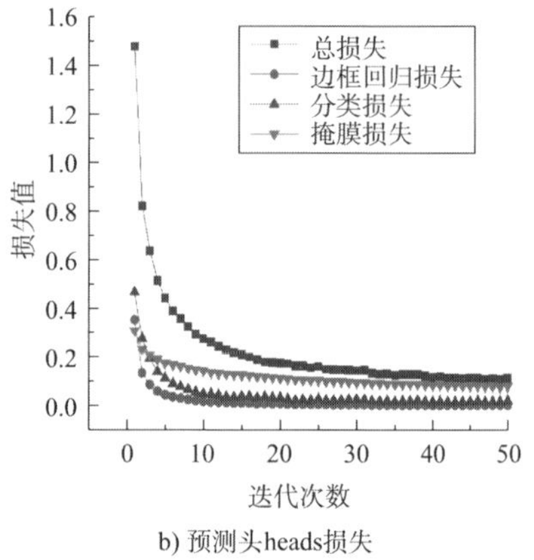

b) 预测头heads损失

图 4-11　Mask R-CNN 损失曲线

Mask R-CNN 的损失分两部分组成：一是 Mask R-CNN 的预测头 heads 损失，包括边框回归损失、分类损失、掩膜损失；二是 RPN 网络损失，包括 RPN 前景/背景分类损失和 RPN 边界框回归损失。总损失如图 4-11b）所示，组成总损失的五部分组成分别如图 4-11a）、b）所示。从图 4-11 可以看出，随着迭代次数的增加，各部分损失的衰减趋势相同，迭代 50 次后，总损失降为 0.12，掩膜损失降为 0.08，剩下四部分损失都小于 0.02，数据拟合效果好。

4.2.6　Mask R-CNN 网络测试结果

将训练好的 Mask R-CNN 网络在测试集上进行测试，最终得到的平均精确率和平均召回率如表 4-3 所示。

Mask R-CNN 网络测试结果　　表 4-3

识别平均精确率(%)	识别平均召回率(%)
93.83	94.94

从表 4-3 中可以看出，训练好的 Mask R-CNN 网络在测试集上识别的平均精确率为 93.83%，平均召回率为 94.94%。在检测过程中，由于目标块体之间有一定的重叠度、目标块体的密集性，以及图像边缘处的块体无法识别，有漏检的情况发生，从而影响识别的精确率和召回率。

将 Mask R-CNN 深度学习模型首次应用于防波堤复杂护面块体的检测，并使用物理模型训练的网络去识别防波堤原型中的块体，具有良好的效果，能够使用训练好的模型自动检测图像中的目标块体并对图像中目标块体个数进行统计，解决了由于块体粘连识别和分割困难的问题。通过研究，主要得到如下结论：Mask R-CNN 深度学习模型对比较密集和有一定重叠度的扭王字块的识别效果较好，未出现识别错误的情况；目标识别的平均精确率为 93.83%，平均召回率为 94.94%。因此，建立的 Mask R-CNN 模型为扭王字块的识别提供了一种新的方法。

4.3 基于增强特征金字塔的重叠场景模态实例分割方法

基于目前主流的两阶段模态实例分割方法，本节选择 Mask R-CNN 作为基准，改进其特征金字塔网络，提出一种增强特征金字塔网络用于重叠场景模态实例分割，在和其他先进方法的对比试验中表现出优异的性能。

实例分割能够精确识别并分割出图像中每一个独立实体，已成为计算机视觉研究中的热点。在众多应用场景中，重叠或遮挡是不可避免的现象，这对实例分割技术提出了更高的要求。因此，针对重叠场景中的实例分割方法开展深入研究具有重要的理论意义和应用价值。

随着深度学习技术的快速发展，基于 CNN 的实例分割方法取得了显著的进展。特别是，采用 FPN 和 RPN 的方法在精确度和效率上都有了大幅提升，其网络结构如图 4-12a)、b)所示。然而，在重叠场景下，现有的方法面临巨大挑战，主要困难来自传统特征提取与融合机制在区分紧密相连或局部被遮挡的物体方面的不足。实例分割性能的提升依赖于模型能否有效处理相互遮挡的对象，而有效的特征融合机制是提升重叠场景下实例分割性能的一种有效方法。

近年来，许多研究者尝试通过采用多尺度融合策略和引入注意力机制、提高特征表达能力来解决上述问题。多尺度融合策略通过结合不同尺寸和层次的图像表示，增强了模型应对复杂遮挡情况的能力。FPN 是特征融合中使用最广泛的方法，它采用自底向上的策略来提取具有丰富语义的高层特征，并在自顶向下的过程中，通过线性插值技术上采样高层特征，再将它们与底层特征横向融合。这一设计在处理多尺度目标时表现出一定的优势，但所有尺寸的目标共享相同的特征图，导致小尺寸目标的特征容易在上采样过程中丢失。受到 FPN 的启发，涌现了许多采用了自顶向下的单向融合方法，代表性方法包括 Faster R-CNN、Mask R-CNN、YOLACT、RetinaNet 和 Cascade R-CNN 等。PANet[图 4-12c)]是以 FPN 为基础的第一个使用自底向上双向融合的模型。随后，许多设计在 FPN 的基础上更进一步，尝试更复杂的双向融合方法，如 NAS-FPN、BiFPN、AugFPN 和 Recursive-FPN 等。NAS-FPN[图 4-12e)]提出了一种使用神经网络架构搜索自定义 FPN 构造的新方法。BiFPN[图 4-12d)]采用加权的双向特征金字塔网络，为融合的每一层分配不同的权重,从而使网络能够更加关注重要的层。AugFPN 充分利用多尺度图像特征,并为 FPN 的三个阶段提供不同的改进方案。Recursive-FPN[图 4-12f)]将传统 FPN 的融合输出反馈到主干网络,进行第二轮循环。这一系列基于 FPN 的改进方法,不仅展示了在处理多尺度特征时的灵活性和有效性,而且为实例分割等视觉识别任务提供了更精确的信息。在此基础上,这些方法通过利用不同的特征融合策略,增强了模型对于不同尺度物体的识别能力,特别是在处理复杂场景和细粒度对象时的性能表现尤为突出。

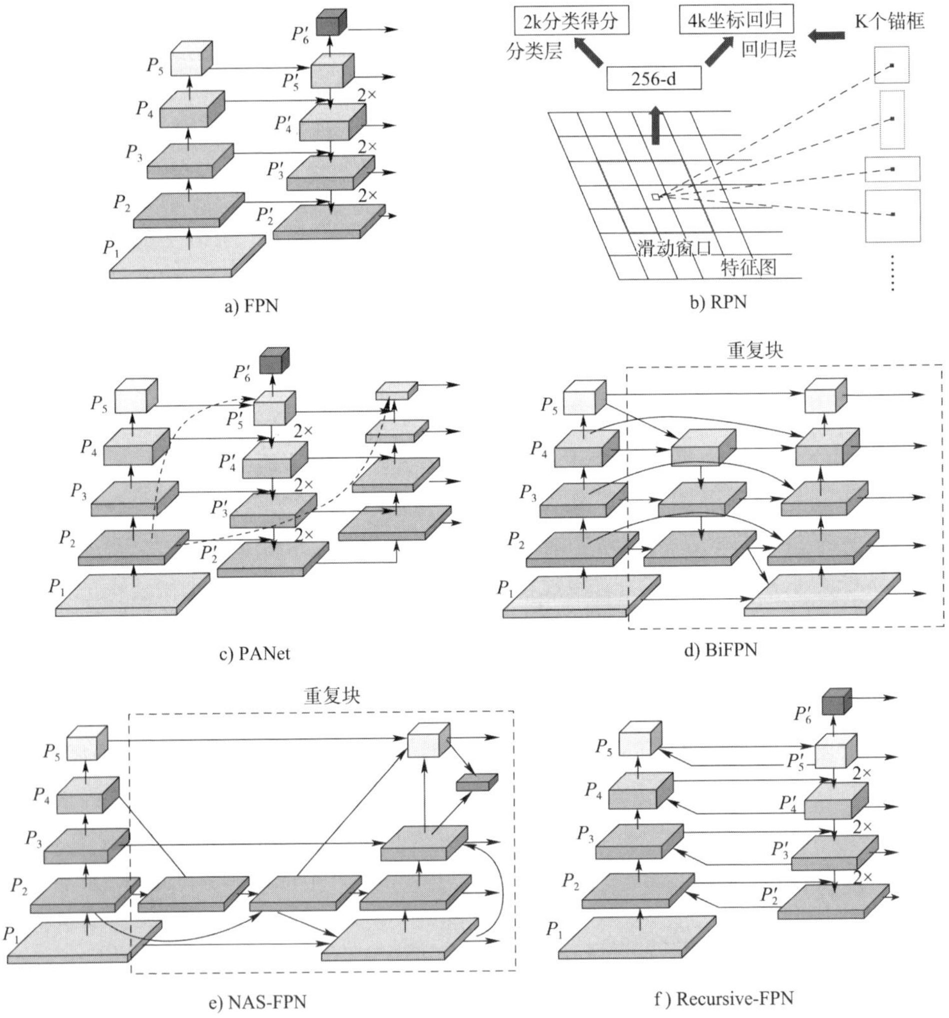

图 4-12　FPN 及其变体的结构示意图

此外,注意力机制的引入被证明能有效提升模型对重要特征的关注度,并抑制背景或不相关信息的干扰,从而改善遮挡部分的识别与分割性能。人类视觉系统一个关键特征是其选择性的关注显著特征,这通常被称为注意力机制。最初,注意力机制主要应用于自然语言处理领域。由于采用注意力机制的模型取得了令人瞩目的成绩,这种机制被广泛应用于机器学习任务中,包括分类以及语义分割和实例分割等。Wang 等提出了一种残差注意力网络,该网络通过重复添加多个注意力模块并推荐使用注意力残差学习进行训练。Hu 等设计了 SENet 网络,该网络根据信息的有效性对通道进行加权,实现了通道间的信息交互。Woo 等人开发了一个卷积块注意力模块(CBAM),该模块作为一个通道和空间的混合注意力机制,能够在通道和空间维度上生成注意力特征信息。

尽管上述研究取得了一定成果,但在重叠场景的模态实例分割任务中仍存在亟须解决的问题。首先,现有模型在处理重叠场景中存在遮挡的物体时分割精度偏低。其次,如何有效综合应用注意力机制和多尺度策略,以提高模型的泛化能力和处理复杂场景的能力,也是目前亟待解决的问题。此外,在重叠场景中,小尺寸目标的识别和分割面临严峻的挑战,当它们与周围的大尺寸目标发生遮挡时分割难度大,尤为显著。

基于以上背景和现状分析,本节提出一种新的模态实例分割方法,以提升模态实例分割方法在遮挡识别和精确分割的精度。具体而言,本节通过引入通道上下文注意力和空间上下文注意力机制,提高模型对遮挡部分的敏感性和分割准确度。同时,本节采用多尺度融合策略构建多尺度语义增强网络,增强模型对各种尺寸和复杂度物体的处理能力。通过融合多尺度特征,模型能够更加敏感地捕捉到被遮挡目标的可见部分特征,有助于提高目标边界定位的精确度。

4.3.1　基于注意力引导的增强特征金字塔网络

1)模型总体结构

本小节提出了一种基于注意力引导的增强特征金字塔网络(Attention-guided Enhanced Feature Pyramid Network,AE-FPN),它主要有两个作用:首先,增强特征金字塔网络(Enhanced Feature Pyramid Network,EnFPN),该网络在原始 FPN 的基础上集成了两个语义特征增强(Semantic Feature Enhancement,SFE)模块,以增强低层特征的语义信息;其次,在现有注意力机制的基础上进行改进,提出了注意力引导模块(Attention-guided Module,AM),该模块引入注意力机制来强化关键特征并抑制背景噪声，显著提升了模型对遮挡部分的灵敏度及分割准确度。图 4-13 展示了注意力引导的增强特征金字塔（AE-FPN）网络架构。由图 4-13 可知，AE-FPN 遵循两阶段实例分割模型 Mask R-CNN 的设计思路。图 4-13 中虚线框内展示的是包含两个 SFE 模块的 EnFPN。在 FPN 中，高层特征具有丰富的语义信息和更大的感受野，而低层特征则侧重于细节信息和纹理特征。SFE 模块旨在增强低层特征的语义信息，使得低层特征能够同时携带更多的细节信息和语义信息。此外，图中 CCAM 和 SCAM 中的 AM 通过融合通道上下文注意力模块（Channel Context Attention Module，CCAM）和空间上下文注意力模块（Spatial Context Attention Module，SCAM），精确定位重要特征。

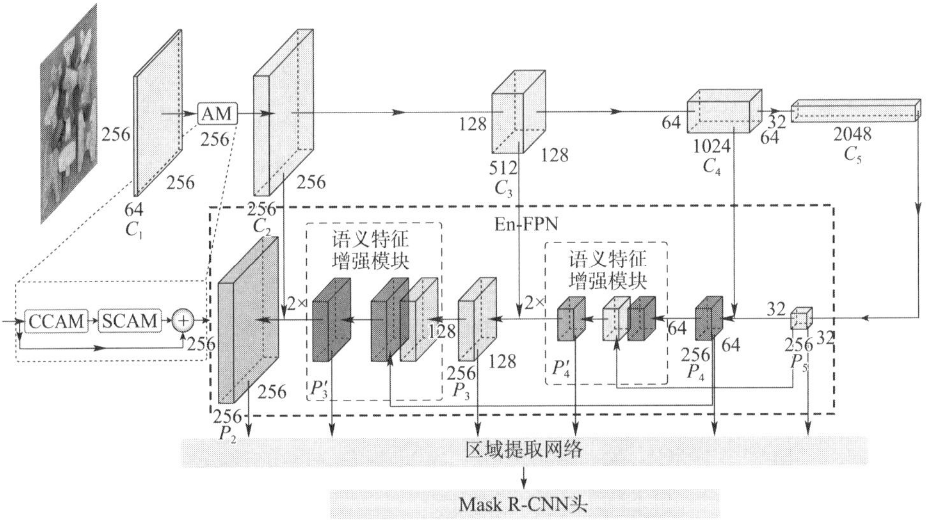

图 4-13　AE-FPN 网络架构

AE-FPN 的工作流程如下：首先，图像输入骨干网络 ResNet 进行特征提取，与原始 ResNet 网络不同的是，AE-FPN 在第一阶段 C1 后面引入 AM 模块，使得 C2 的输入是 AM 模块的输出。其次，在 FPN 的 P2 和 P3 以及 P3 和 P4 之间分别嵌入 SFE 模块，SFE 模块的输出和原始 FPN 的各阶段输出共同构成了 EnFPN。此外，利用 RPN[0] 在 EnFPN 特征图上生成包含目标物体的区域候选框，经过后处理后筛选出最有可能包含目标的候选框。最后，这些候选框分别送入 Mask R-CNN 中的分类头、边框回归头和掩码头，进行类别预测、边框坐标回归和掩码生成。

2)注意力引导模块

注意力机制模仿人类视觉的集中注意力特性,使模型能够突出图像中的显著特征信息,如边缘、纹理和形状等。这种能力在处理物体相互重叠的场景中尤为重要,因为模型必须能够识别并区分紧密相连物体的边界。此外,注意力机制还帮助模型更有效地捕捉和利用上下文信息,进一步增强了对部分遮挡或重叠物体的理解和分割能力。通过聚焦与当前任务最相关的区域,模型可以更准确地推断物体的形状和位置。

本书设计了一个基于卷积的注意力引导模块,目的是通过生成一个通道-空间上下文的注意力图来优化模型的分割性能。该注意力图侧重于处理"什么"是有意义的,以及"在哪里"需要更多关注的信息。注意引导模块主要包括两个组成部分:通道上下文注意力模块(CCAM)和空间上下文注意模块(SCAM)。

CCAM 在 CBAM 中添加上下文信息进行融合,旨在通过分析各个特征通道的全局信息,来判断哪些通道包含对当前任务更加重要的信息,从而调整模型对不同通道的关注强度。如图 4-14 上半部分所示,对于输入特征 $F \in \mathbb{R}^{C \times H \times W}$,首先使用两次 1×1 卷积将 F 转换到映射空间并对转换后的特征通过转置和变形得到 P 和 Q。具体过程定义如下:

$$\begin{cases} P = (\mathrm{reshape}(W_p F))^{\mathrm{T}} \\ Q = \mathrm{reshape}(W_q F) \end{cases} \tag{4-3}$$

式中:W_p、W_q——1×1 卷积;

reshape——变形操作。

$P \in \mathbb{R}^{C' \times G}$由输入特征经过卷积处理后进行变形和转置操作获得,而 $Q \in \mathbb{R}^{G \times C'}$是将输入特征进行卷积处理后进行变形得到的,其中,$G = H \times W$。

为了捕获不同空间映射之间的关系,本书定义了相关矩阵 $\boldsymbol{S}$。对 $\boldsymbol{S}$ 通过全局最大池化(Global Max Pooling,GMP)和全局平均池化(Global Average Pooling,GAP)后得到两个不同的空间上下文描述符 $S_{\mathrm{max}}^{\mathrm{c}}$ 和 $S_{\mathrm{avg}}^{\mathrm{c}}$,然后分别输入到全连接层,并对全连接层的输出进行逐元素相加和 Sigmoid 激活函数归一化操作,生成通道上下文注意力特征图 M_{cc}。为了最小化参数量,本书将中间的全连接层的大小设为 $\mathbb{R}^{C/r \times 1 \times 1}$,其中 r 表示缩放比率。

通道上下文注意力特征图生成过程用数学公式描述如下:

$$\begin{cases} S = P^{\mathrm{T}} Q \\ M_{\mathrm{cc}}(F) = \sigma(\mathrm{FCN}(\mathrm{MaxPool}(S)) + \mathrm{FCN}(\mathrm{AvgPool}(S))) \end{cases} \tag{4-4}$$

式中:σ——Sigmoid 激活函数。

最后,将输入特征图 F 和 M_{cc} 进行逐元素乘法后获得改进的通道特征图 F',该过程表示如下:

$$F' = M_{cc} \odot F \qquad (F' \in \mathbb{R}^{C \times H \times W}) \tag{4-5}$$

式中:$\odot$——逐元素乘法。

对于输入 AM 模块的特征 F,首先通过 CCAM 模块得到一个改进后的特征图 F';其次,如图 4-14 下半部分所示,F'被送入 SCAM 模块,以生成空间上下文注意力图。SCAM 模块聚焦于图像的空间维度,确定哪些区域是任务相关的,并通过增强这些区域的特征表示,来提高模型对重叠或遮挡物体边界的识别准确度。具体而言,对输入 F'通过 1×1 卷积转化到映射空间,下一步是对映射后的特征图进行变形和转置操作。该过程定义如下:

$$\begin{aligned} Z &= (\mathrm{reshape}(W_z F'))^{\mathrm{T}} \\ T &= \mathrm{reshape}(W_t F') \end{aligned} \tag{4-6}$$

式中:W_z、W_t——1×1 卷积;

reshape——变形操作。

$Z \in \mathbb{R}^{G \times G}$由输入特征经过卷积处理后进行变形和转置操作获得,而 $T \in \mathbb{R}^{G \times G}$是将输入特征进行卷积处理后进行变形得到的,其中,$G = H \times W$。

为了捕获不同通道映射之间的关系,本书定义了相关矩阵 $\boldsymbol{M}$。相关文献表明,采用沿通道方向的池化操作能有效突出信息的关键区域。因此,本书对 $\boldsymbol{M}$ 应用了沿着通道方向的最大池化和平均池化,并通过后续的串联、卷积和激活函数等步骤,生成空间上下文注意力图 M_{sc}。M_{sc}生成过程可以描述为:

$$\begin{aligned} M &= \mathrm{reshape}(\mathrm{conv}_{1 \times 1}(Z^{\mathrm{T}} T)) \\ M_{sc}(F') &= \sigma(f^{5 \times 5}(\mathrm{MaxPool}(M) \parallel \mathrm{AvgPool}(S))) \end{aligned} \tag{4-7}$$

式中:σ——Sigmoid 激活函数;

$f^{5 \times 5}$——卷积核大小为 5×5 的卷积;

$\parallel$——特征串联。

最终,通过将输入 F' 与 M_{sc} 进行逐元素相乘操作,本书生成 AM 模块的输出 F''。

F''的生成过程可描述为:

$$F'' = M_{sc} \odot F' \qquad (F'' \in \mathbb{R}^{C \times H \times W}) \tag{4-8}$$

式中:$\odot$——逐元素乘法。

综上所述,AM 模块赋予了模型发掘图像中关键区域的能力,并辨识空间位置之间的相互联系。这一机制深化了模型对图像内在语义信息的解读,有效解决了由密集物体间的遮挡和重叠问题。

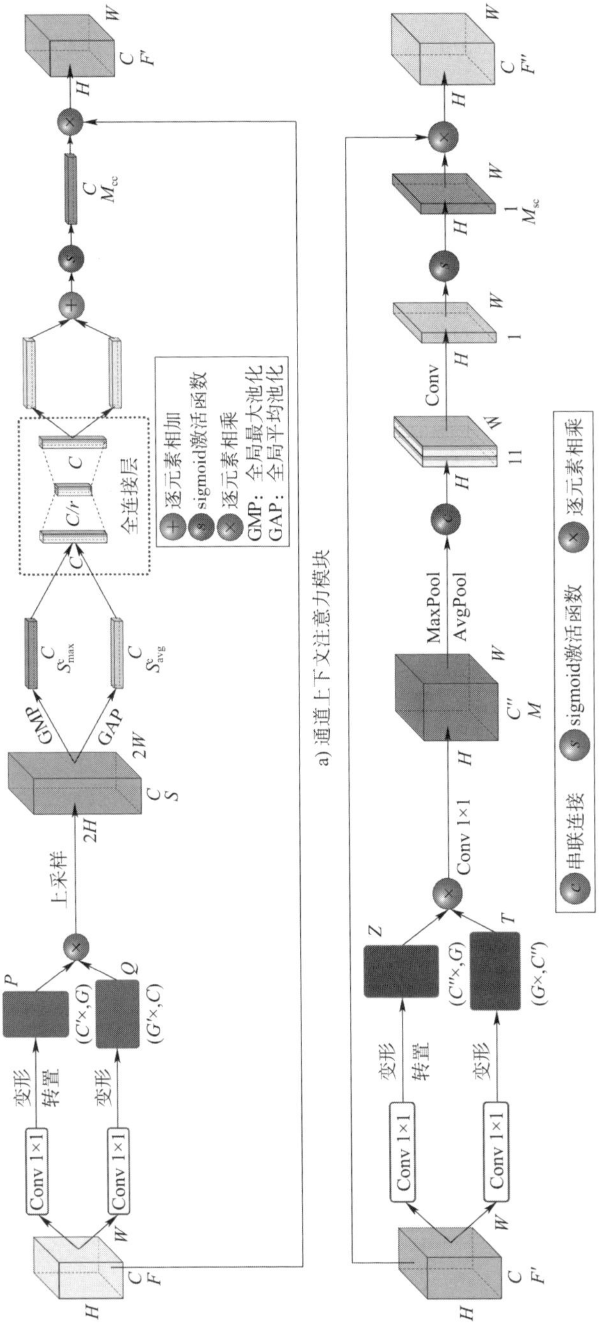

a) 通道上下文注意力模块

b) 空间上下文注意力模块

图 4-14　AM模块结构

3)增强特征金字塔网络

增强特征金字塔网络(EnFPN)在原始 FPN 中引入了语义特征增强(SFE)模块,有以下两方面原因:一方面,高效的特征融合机制有助于模型更好地区分和理解重叠或接近的物体,可以更加充分地捕捉被遮挡物体的可见部分特征,从而提高对这些部分的识别准确度;另一方面,特征融合过程中进行上采样时,会导致小目标的特征信息丢失,而 SFE 模块能够有效补偿小目标信息的损失,通过改进的特征融合策略,优化小目标的检测与分割性能。EnFPN 由两部分组成:传统的 FPN 特征层如{P_4,P_5},以及 SFE 模块。

为了弥补小目标信息的损失,受图像超分辨率(Super-Resolution,SR)技术的启发,本书设计了 SFE 模块。如图 4-15 所示,SFE 模块包括两条路径,分别是主路径和推理路径,其中,两个 SFE 模块主路径的输入分别为 P_5 和 P_4,推理路径的输入分别为 P_4 和 P_3,两个 SFE 模块的输出分别为 P_4'和 P_3'。P_4'和 P_3'可以分别定义为:

$$\begin{cases} P_4' = P_5 \uparrow_{2s} + E_r(P_4 \parallel P_5 \uparrow_{2s}) \\ P_3 = P_4' \uparrow_{2b} + C_3 \\ P_3' = P_4 \uparrow_{2s} + E_r(P_3 \parallel P_4 \uparrow_{2s}) \end{cases} \tag{4-9}$$

式中:$\uparrow_{2s}$——使用亚像素卷积进行上采样;

$\uparrow_{2b}$——使用双线性插值进行上采样;

$\parallel$——特征图串联。

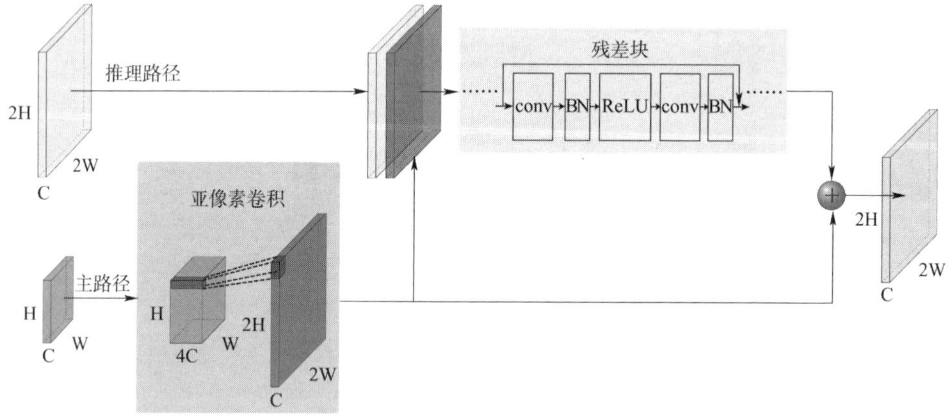

图 4-15 SFE 模块结构

亚像素卷积是传统卷积的一种简化变体,它可以减少卷积操作数量。

这种技术可生成放大图像,适用于提高图像或特征图的分辨率。通常情况下,亚像素卷积位于网络的最后一层，不需要额外的计算。它的基本原理是：当将图像或特征图放大 f 倍时，每个像素都会按比例放大 f 倍。因此，在主路径中使用亚像素卷积，来增大其输入特征的空间分辨率。通过在通道维度上移动像素，亚像素卷积减少了通道维度上的像素数量，增加了高度维度上的像素数量。给定 SFE 模块主路径中亚像素卷积层的输入特征图为 $F \in \mathbb{R}^{f^2 \cdot C \times H \times W}$，亚像素卷积层使用像素重组操作，将特征重新分配为$\mathbb{R}^{C \times f \cdot H \times f \cdot W}$。这个过程可以用公式描述为：

$$R(F)_{c,h,w} = F_{\lfloor h/f \rfloor, \lfloor w/f \rfloor, c \cdot f^2 + f \cdot \lfloor w/f \rfloor + \lfloor h/f \rfloor} \tag{4-10}$$

式中：$R(F)_{c,h,w}$——在坐标(c,h,w)处的像素重组操作，其中，h,w 为重组后像素坐标；

f——放大系数，在本书中 f 取2。

推理路径特征和亚像素卷积层的特征被送入推理路径的残差块。残差块的目标是收集相关数据以便进行对象检测。SFE 模块的最终步骤是将残差块和亚像素卷积层的输出逐元素相加，以确保输入的语义信息和局部信息充分融合。最终的输出特征图包含从低层特征图中筛选出的可靠特征，以及来自高层特征图的丰富语义信息。

4.3.2　试验结果与分析

1）数据集与评价指标

为了验证 AE-FPN 的有效性，本小节采用 AP、AP_{50}、AP_{75}、AP_S、AP_M、AP_L 等六个评价指标来评估 AE-FPN 在 SUD2022 和 OSD 重叠场景模态实例分割数据集以及 Cifar10 和 COCO 等公共数据集上的性能。

2）试验设置

本节试验使用的深度学习框架为 TensorFlow-gpu 2.3.1，编程语言为 Python 3.7.8，CUDA 版本为10.1。试验过程中工作站使用的 CPU 型号为 Intel(R) Core(TM) i9-10940X，内存为64GB，显卡型号为 NVIDIA Quadro RTX5000，该显卡的显存为64GB。

本小节分别在 SUD2022、OSD、Cifar10 和 COCO 数据集训练 AE-FPN。在训练过程中，将学习率设置为0.001，动量设置为0.9，权重衰减系数为0.0001，网络的 epoch 设为50，步长为1000。

3）消融试验

为了更深入地理解单个组件对整体模型性能的影响，在 Cifar10 数据集和 SUD2022 数据集上进行了消融试验。首先，在 Cifar10 数据集上分析了 AM 模块对 AE-FPN 模型性能的影响。这一分析通过对比试验进行，其中 AE-FPN 模型分别测试了包含和不包含 AM 模块的情况。其次,利用 SUD2022 数据集进一步探索了在相同的骨干网络条件下,引入 AM 和 SFE 模块对 AE-FPN 模型性能的改进效果。

Cifar10 是一个广泛用于图像分类的基准数据集,它涵盖 10 个类别,包含 50000 张训练集图像和 10000 张测试集图像,每张图像的像素大小均为 32 × 32。Cifar10 数据集部分图像可视化结果如图 4-16 所示。在消融试验研究中,所有模型均在 Cifar10 的训练集上进行训练,采用的一些关键参数设置包括:共训练 150 个 epoch,每个批次大小设为 128,学习率随 epoch 的增加而动态调整。模型训练的效果通过在测试集上进行验证来评估。本书采用 ResNet101 作为特征提取的基础网络,并将 AM 模块与当前流行的注意力机制方法 SE 和 CBAM 进行比较。

图 4-16 Cifar10 数据集部分图像可视化结果

表 4-4 分别对不同架构的参数量、FLOPs 以及分类 Top-1 错误率进行了统计和比较。

Cifar10 数据集上的消融试验结果 表 4-4

网络结构	参数量(M)	FLOPs(G)	Top-1 错误率
ResNet101	**3.03**	0.183	0.184
ResNet101 + SE	3.27	0.185	0.168
ResNet101 + CBAM	3.27	0.185	0.163
ResNet101 + AM(本节)	4.23	**0.204**	**0.147**

注:粗体值表示试验最优结果。

由表 4-4 可知,在 ResNet101 基准网络中加入 AM 模块,模型的参数量增加了 1.2M,FLOPs 提高了 0.021G,这表明在基准网络中引入 AM 模块虽然增加模型的参数量,但是会降低模型的计算速度。在 Top-1 错误率方面,ResNet101 + AM 最低为 14.7%。与 ResNet101 + SE 和 ResNet101 + CBAM 相比,Top-1 错误率分别降低了 2.1% 和 1.6%。这表明 AM 模块的有效性,其能够有效关注关键区域,从而减少分类错误。

为进一步分析 AM 模块的性能,本节采用 Grad-CAM 热力图,对不同网络在 Cifar10 数据集的特征图进行可视化。Grad-CAM 通过不同颜色标示特征图中各空间位置的重要性,其中颜色较深的区域表明网络预测的类别主要集中于该区域。此方法有效展示了不同网络的特征图差异。Grad-CAM 可视化结果和各目标分类得分如图 4-17 所示,其中,每张图像下的"P"值代表该网络对真实类别的预测得分。与其他网络相比,ResNet101 + AM 的热力图更准确地覆盖了对象所在区域,且对象分类的得分也有提升。这表明 ResNet101 + AM 能够更有效地利用对象所在区域的信息,从而提高分类准确性。

图 4-17 Grad-CAM 可视化结果和各目标分类得分

SUD2022 数据集上的消融试验如表 4-5 所示。

SUD2022 数据集上的消融试验 表 4-5

方法	骨干网络	+ AM	+ SFE	AP	AP_{50}	AP_{75}
Mask R-CNN	ResNet101-FPN			0.661	0.914	0.873
Mask R-CNN	ResNet101-FPN	√		0.672	0.923	0.884
Mask R-CNN	ResNet101-FPN		√	0.679	0.931	0.896
Mask R-CNN	ResNet101-FPN	√	√	**0.752**	**0.954**	**0.925**

注:粗体值表示试验最优结果,下画线表示次优结果。

由表 4-5 可知,在 Mask R-CNN 中分别单独加入 AM 模块和 SFE 模块,掩码 AP 分别提升了 1.1% 和 1.8%;同时将二者加入 Mask R-CNN,AP 值由 66.1% 提升到 75.2%。这是因为 AM 模块定位包含重要信息的区域,抑制了无用的信息,而 SFE 模块增强了低级特征的语义信息。

4)试验结果对比分析

本节分别在 SUD2022、OSD 及 COCO 等数据集的测试集上比较了几种先进的实例分割方法的性能,以验证 AE-FPN 的有效性。

(1)SUD2022 数据集上的对比试验

表 4-6 在 SUD2022 数据集上展示了 AE-FPN 和其他实例分割方法的分割掩码 AP 的定量比较结果。所有方法均在 SUD2022 数据集上重新进行训练,且模型参数和源代码保持一致。

SUD2022 数据集上展示了 AE-FPN 与其他实例分割方法的性能定量对比 表 4-6

方法	骨干网络	AP	AP_{50}	AP_{75}
Mask R-CNN[0]	ResNet50	0.648	0.907	0.843
PANet[0]	ResNet50	0.675	0.914	0.892
MS R-CNN	ResNet50	0.706	0.915	0.884
AE-FPN(本节)	ResNet50	<u>0.741</u>	0.938	0.912
Mask R-CNN[0]	ResNet101	0.661	0.914	0.873
PANet[0]	ResNet101	0.685	0.926	0.901
MS R-CNN	ResNet101	0.722	<u>0.941</u>	<u>0.914</u>
AE-FPN(本节)	ResNet101	**0.752**	**0.954**	**0.925**

注:粗体值表示试验最优结果,下画线表示次优结果。

由表 4-6 可知,相比于 Mask R-CNN[0]、PANet[0] 和 MS R-CNN,AE-FPN 的分割精度最高。具体而言,在骨干网络为 ResNet50 和 ResNet101 时,AE-FPN 取得了最优和次优的 AP 值,最高达到了 75.2%。这一结果突显了 AE-FPN 在性能上的优势。进一步分析显示,以 ResNet50 作为骨干网络的 AE-FPN,其 AP 值比以 ResNet101 作为骨干网络为的 MS R-CNN 高 1.9%,这可能是由于 AE-FPN 卓越的特征融合能力。考虑到 SUD2022 数据集中含有大量密集且重叠的目标,因此在该数据集上 AP 值的提升也进一步验证了 AE-FPN 在重叠场景下实例分割任务中的效果。

图 4-18 通过定性比较展示了 AE-FPN 和 Mask R-CNN 模型在 SUD2022 数据集上的分割结果。由于篇幅限制,本书只展示这两种模型的对比结果。图 4-18 中第

一行展示了两种方法的分割结果,而第二行则是第一行对应图像区域的局部放大视图,其中不同实线框代表不同的位置区域。从图4-18可以看出,AE-FPN可以识别出更多的目标块体,图中实线框处区域,Mask R-CNN出现漏检的情况,而AE-FPN却能够准确识别。此外,Mask R-CNN预测的掩码存在欠分割和误分割现象,而AE-FPN则不会出现漏检和欠分割、误分割现象。综合以上定性对比分析,进一步证明了AE-FPN在SUD2022上的良好性能表现。

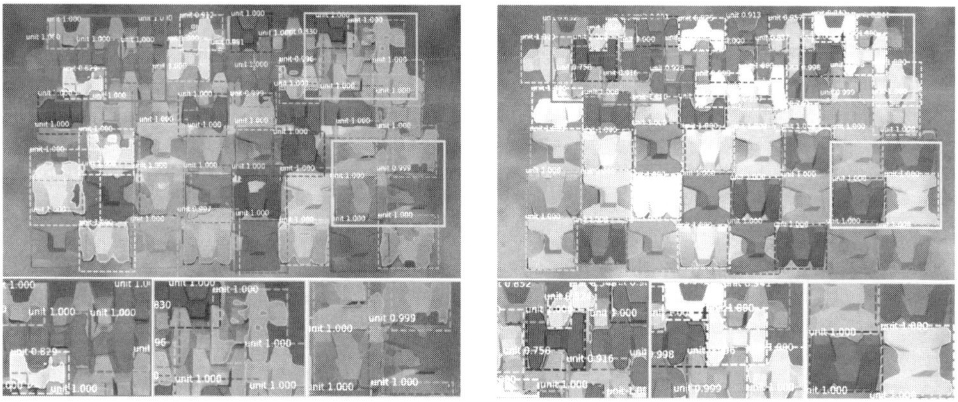

a) Mask R-CNN　　　　b) AE-FPN

图4-18　Mask R-CNN和AE-FPN模型在SUD2022上的可视化分割结果

(2)OSD数据集上的对比试验

为了评估AE-FPN在处理通用重叠场景中分割任务的有效性,本书在OSD数据集上对其进行了与其他先进模态实例分割方法的定量对比,见表4-7。

OSD数据集上展示了AE-FPN与其他先进方法的定量对比　　表4-7

方法	骨干网络	AP	AP_{50}	AP_{75}	AP_S	AP_M	AP_L
Mask R-CNN^0	ResNet101-FPN	0.412	0.601	0.448	0.185	0.386	0.484
MS R-CNN	ResNet101-FPN	0.425	0.647	0.452	0.191	0.415	0.503
PANet^0	ResNet50-FPN	0.436	0.642	0.461	0.210	0.412	0.524
YOLACT	ResNet101-FPN	0.401	0.586	0.428	0.162	0.363	0.471
MaskLab	ResNet101-FPN	0.414	0.608	0.451	0.189	0.394	0.495
AE-FPN(本节)	ResNet101-EnFPN	**0.447**	**0.653**	**0.475**	**0.226**	**0.429**	**0.527**

注:粗体值表示试验最优结果,下画线表示次优结果。

由表4-7可知,AE-FPN在各项评价指标中均取得了最优的结果,具体AP值分别为 44.7%、65.3%、47.5%、22.6%、42.9% 及 52.7%，比排名第二的方法分别提高了 1.1%、0.6%、1.4%、1.6%、1.4% 和 0.3%。值得注意的是，AE-FPN 在小尺寸目标方面的优异表现，其 AP 值比基准网络 Mask R-CNN 提高了 4.1%。

为了更直观地展现 AE-FPN 在 OSD 数据集的分割效果，本书在图 4-19 中展示了 Mask R-CNN 和 AE-FPN 的可视化分割结果。

a) 输入图像　　b) Mask R-CNN　　c) AE-FPN

图 4-19　Mask R-CNN 和 AE-FPN 模型在 OSD 上的可视化分割结果

从图 4-19 可以看出，重叠场景中目标实例之间相互遮挡，Mask R-CNN 的分割结果中存在误分割现象，如第一行中实线框内所示的场景中，Mask R-CNN 错误地将栈桥识别为躺椅。同时，出现过度分割的情况，如第一行中实线框内所示，Mask R-CNN 错误地将相邻目标识别为同一目标。此外，漏检现象也较为明显，如图中第二行中实线框和第三行中实线框内所示，未能成功识别出目标。综合上述分析，AE-FPN 在处理重叠场景下的实例分割任务表现出色，其预测掩码的质量明显优于 Mask R-CNN。

然而，在目标边缘处理上，AE-FPN 仍面临着欠分割和过分割的挑战。如图 4-20所示，黑色框表示该区域存在欠分割现象，即分割掩码未能完全覆盖目标区域,而灰色框表示该区域存在过分割现象,即掩码错误地纳入一部分背景。虽然这些问题并未对最终的AP值产生显著的影响,但边界质量是评估模型性能的一个关键维度,这也表明AE-FPN需要在未来研究中进一步改进和优化。

a) 输入图像　　b) 标注图像　　c) AE-FPN预测图像

图4-20　AE-FPN的部分分割失败案例

(3)COCO数据集上的对比试验

为了验证模型的泛化能力,本书在COCO test-dev数据集上进行了定量比较分析,将AE-FPN与其他先进模态实例分割方法进行了对比。表4-8展示了在COCO test-dev数据集上的定量对比结果,其中包括Mask R-CNN^0、MS R-CNN^0、PANet^0、YOLACT及MaskLab。

COCO test-dev数据集上展示了AE-FPN与其他先进方法的定量对比　表4-8

方法	骨干网络	AP	AP_{50}	AP_{75}	AP_S	AP_M	AP_L
Mask R-CNN^0	ResNet101-C4	0.331	0.549	0.348	0.121	0.356	0.511
Mask R-CNN^0	ResNet101-FPN	0.357	0.580	0.378	0.155	0.381	0.524
MS R-CNN	ResNet101-FPN	0.375	0.587	0.402	0.172	0.395	0.530
PANet^0	ResNet50-FPN	<u>0.382</u>	<u>0.602</u>	<u>0.414</u>	0.191	<u>0.414</u>	0.526
YOLACT	ResNet101-FPN	0.312	0.506	0.328	0.121	0.333	0.471
MaskLab	ResNet101-FPN	0.354	0.574	0.374	0.169	0.399	<u>0.535</u>
MaskLab$^+$	ResNet101-FPN	0.373	0.598	0.396	<u>0.191</u>	0.405	0.506
AE-FPN(本节)	ResNet101-EnFPN	**0.386**	**0.612**	**0.415**	**0.214**	**0.428**	**0.551**

注:粗体值表示试验最优结果,下画线表示次优结果。

由表 4-8 可知,AE-FPN 在非重叠场景中同样表现良好,各项评价指标均优于其他方法,具体的 AP 值分别为 38.6%、61.2%、41.5%、21.4%、42.8%及 55.1%,相较于排名第二的方法分别提高了 0.4%、1.0%、0.1%、1.3%、1.4%和 1.6%。这一结果进一步证明了 AE-FPN 在实例分割任务上具有良好的分割效果和泛化能力。

图 4-21 展示了在 COCO 数据集上 AE-FPN 和次优模型 PANet 的可视化分割结果。

a) 输入图像　　b) PANet　　c) AE-FPN

图 4-21　AE-FPN 和次优模型 PANet 在 COCO 数据集上分割结果对比

从图 4-21 中可以看出,AE-FPN 在处理无遮挡场景中同样具有优势,如第一行的实线框内,AE-FPN 分割掩码质量优于 PANet;第二行的实线框和第三行的实线框内,PANet 错误地将长颈鹿的影子和远处的建筑物识别为人类并分配了分割掩码,而 AE-FPN 则能够准确辨识,避免了误分割。

本节通过基于增强特征金字塔(AE-FPN)探讨了重叠场景下的模态实例分割问题,旨在提升重叠场景下的分割精度。首先,本节回顾了实例分割在重叠场景下面临的挑战以及相关工作进展。其次,详细介绍了 AE-FPN 的原理和实现方式。最后,通过在 SUD2022、OSD 数据集及 COCO 等公开数据集上的广泛试验,验证了

AE-FPN 的有效性,并通过消融试验深入分析了各组成部分的作用。试验结果充分展示了 AE-FPN 在处理具有特殊应用场景(如防波堤)、通用的重叠场景及 COCO 数据集的非重叠场景时,都能显著提升实例分割精度。

尽管如此,AE-FPN 在目标边界处理上仍存在欠分割和过分割的问题,这提示在未来工作中,除了追求更高的精度外,还需要着重提高分割掩码的质量,以实现更加精准和鲁棒的实例分割模型。

4.4　基于边界信息引导的重叠场景模态实例分割方法

尽管第 4.3 节介绍的方法已经在重叠场景下实现实例分割精度的显著提升,但在目标边界处理上仍面临着欠分割和过分割的问题。为此,本节提出了基于边界信息引导的重叠场景实例分割方法,旨在提升分割精度的同时保证分割掩码的质量。通过引入了一个专注于提取边界信息的新边界分支,强化边界定位的准确性,从而提升掩码边界质量。为了评估分割掩码的边界质量,本节采用边界 IoU 指标进行量化分析。在多个数据集上的试验验证了本节提出的方法在提高掩码边界质量方面的有效性。

实例分割作为计算机视觉领域内一项极富挑战性的任务,在处理重叠场景时面临着特别的困难,因为对象之间的边界不再清晰可分。由于目标的部分或全部区域被其他实例遮挡,这导致实例分割算法很难准确地将每个像素分配给相应的实例,尤其是在实例之间存在大面积重叠的情况下。如图 4-22 所示,局部放大的椭圆形中出现将两个目标错误识别为一个的情形。因此,当前的实例分割方法在处理重叠场景图像方面显示出一定的局限性,导致预测的实例掩码不能完整的覆盖目标实例,从而产生粗糙的掩码边界。

图 4-22　重叠场景中分割失败案例

这个问题可以归结为以下几个原因:

首先,无论是采用一阶段还是两阶段实例分割模型,在掩码预测阶段都倾向于利用高层特征。虽然这些高层特征富含语义信息,但它们忽视了如边界等低层空间信息的重要性。为此,普遍的解决策略是将高层的语义信息和低层的空间信息进行有效融合。在这方面,Lin 等人提出 FPN 网络是特征融合领域的开创性工作,旨在解决目标检测任务中多尺度特征表示问题。FPN 通过自上而下的路径与横向连接,把低层的细粒度特征与高层的语义特征进行融合,构建了一个多尺度的特征金字塔,其中高层的特征富含语义信息,而低层的特征则保留了更多的细节信息。

其次,在预测掩码时,现有的方法平等地对待所有像素,而边界像素占整个图像像素的比例不足 1%,对这些像素的准确分类尤为困难。为了解决这个问题,Kirillov 等人引入了 PointRend,即一种优化对象边界图像分割的新型采样技术,在难以分割的对象边缘部分表现出了出色的性能。此外,Cheng 等人提出的 BMask R-CNN,其利用边界信息来提升掩码定位的准确度,通过限制分割掩码与边缘之间的距离,BMask R-CNN 保留了边界信息,使得预测的掩码能够更好地与实例边界对齐。此外,还有一些研究通过引入基于注意力的模块或边界感知算法,来强化实例分割掩码的边界信息,进而提升分割的准确性和质量。Hu 等人提出的基于注意力的模块,用于增强特征图中的边界信息,从而提高分割质量。Hayder 等人开发的边界感知实例分割(Boundary-Aware Instance Segmentation,BAIS)算法通过一种新型的边界损失函数,结合目标的内部和边缘信息,激励模型更加关注于对象的边界。Huang 等人提出的 Mask Scoring R-CNN 在传统的 Faster R-CNN 和 Mask R-CNN 的基础上进行了改进。该模型的主要目标是提高实例分割任务的准确性,特别是在物体的边缘和重叠部分,同时减少虚假检测。Mask Scoring R-CNN 的核心思想是引入了一个分数预测分支,用于评估分割掩码的质量。这个分数可以被看作每个掩码的可信度分数,它评估了掩码是否准确捕捉了物体的形状。通过引入这个分数,Mask Scoring R-CNN 可以对每个实例的掩码质量进行评估,从而更准确地衡量物体分割的精确性。

最后,Cheng 等人指出掩码的交并比对于目标边界分割的质量不敏感。即使边界像素的分割质量较差,掩码的 IoU 仍然可能得分较高。因此,模型平均精度的提升并不一定意味着掩码的质量改善,因为模型可能更多地关注掩码内部而忽略了边界的精细性。

然而,尽管上述方法在提高掩码边界预测的准确性方面取得了进展,但仍存在一定的局限性:一方面,这些方法未能充分利用目标的边界信息,导致在复杂的重叠场景下,掩码分割的边界不够精确和平滑;另一方面,在处理遮挡严重或形状复杂的密集场景时,边界信息的效果可能会降低,从而影响分割结果的准确性。

针对上述问题,本节在 Mask R-CNN 中引入了边界特征提取(Boundary Feature

Extraction,BFE)模块。该模块能够从骨干网络中的不同阶段捕获边界信息,为边界的位置和形态提供更丰富的细节,显著提升了网络对边界细节的识别能力。此外,全局注意力模块(Global Attention Module,GAM)有效整合了FPN和BFE的特征,以此增强网络在边界框和掩码预测上的性能。通过使用实例边界的二值图像作为训练数据,并引入新的边界损失函数,进一步提高了预测掩码的精确度,尤其对于处理图像中的边缘和重叠区域。

4.4.1　基于边界信息引导的重叠场景实例分割模型

1)模型总体结构

本小节改进了经典的两阶段实例分割模型Mask R-CNN,提出了基于边界信息引导与全局特征融合的模态实例分割网络(Boundary-guided Global Feature Fusion,BGF)。如图4-23所示,BGF保留了Mask R-CNN的核心结构,包括主干网络、特征金字塔,以及边框预测和掩码预测部分。不同之处在于,本小节引入了一种并行的边界分支,专门负责从ResNet各个阶段捕获目标边界信息。此外,本小节还提出了一个全局注意力模块,用于整合来自边界分支的多尺度信息。最后,将来自全局注意力模块和FPN的特征进行通道求和,并将结果输入候选区域生成网络,以进行后续的边框预测和掩码预测。这些改进的部分旨在增强模型对边界信息的学习和整合能力,从而提高重叠场景下实例分割的准确性和鲁棒性,改善预测掩码的质量。

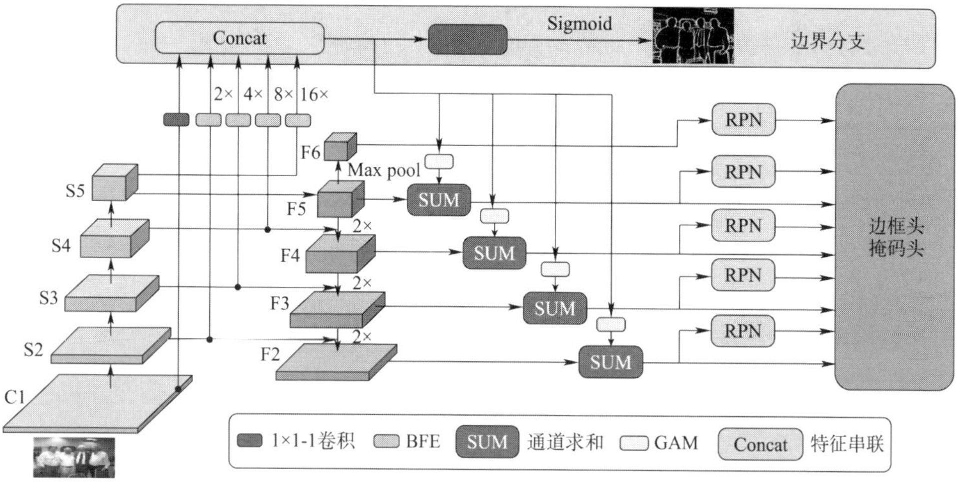

图4-23　BGF网络的整体结构

2)边界分支

在重叠场景中现有的实例分割方法由于目标之间存在重叠遮挡,导致重叠实例的边界在图像中难以定位。如图4-24所示,本节提出了BFE模块,用于从ResNet的不同阶段提取实例边界信息,从而提升目标边界定位的准确性。

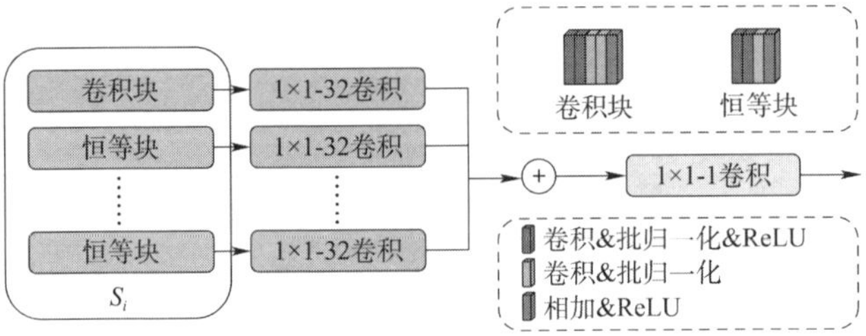

图4-24　边界特征提取(BFE)模块的结构

BFE借鉴了嵌套边缘检测(Holistically-Nested Edge Detection,HED)和更丰富的卷积特征模型(Richer Convolutional Features,RCF)的设计思想。HED算法使用了VGG16的前13个卷积层,去掉了最后一个池化层和所有全连接层,在VGG16网络每个阶段的最后一个卷积层之后添加侧向输出层。在HED中只采用每个阶段最后一层的卷积特征,而没有充分利用CNN丰富特性的层次结构。为了解决这一问题,Liu等人提出了一种新的深层结构RCF。RCF通过自动学习将所有卷积层的信息组合起来,从而能够获得不同尺度的更加精细的特征。受HED和RCF的启发,BFE使用的1×1卷积对ResNet每个阶段的卷积块和恒等块的通道数进行压缩,ResNet的每个阶段(S2～S5)由多个卷积块和恒等块组成。以ResNet的S2阶段为例,由表4-9可知,S2阶段由一个卷积块和两个恒等块组成。

ResNet50和ResNet101中卷积块和恒等块的数量　　表4-9

阶段	ResNet50	ResNet101
C1	0	0
S2	卷积块×1	卷积块×1
	恒等块×2	恒等块×2
S3	卷积块×1	卷积块×1
	恒等块×3	恒等块×3
S4	卷积块×1	卷积块×1
	恒等块×5	恒等块×22
S5	卷积块×1	卷积块×1
	恒等块×2	恒等块×2

假设一个卷积块和两个恒等块的输出分别为X_1、X_2和X_3，BFE 模块在 S2 阶段的输出为 B_2，则 BFE 模块在 S2 阶段提取边界信息的过程可以被描述为：

$$B_2 = \mathrm{Conv}_{1\times1}^{1}(\mathrm{Conv}_{1\times1}^{32}(X_1) + \mathrm{Conv}_{1\times1}^{32}(X_2) + \mathrm{Conv}_{1\times1}^{32}(X_3)) \tag{4-11}$$

式中：$\mathrm{Conv}_{1\times1}^{1}(\cdot)$——卷积核大小为 1×1，通道数为 1 的卷积；

$\mathrm{Conv}_{1\times1}^{32}(\cdot)$——卷积核大小为 1×1，通道数为 32 的卷积。

本书使用 1×1 卷积的目的是压缩特征的通道数并进行特征的线性组合。这一过程增强了模型的表示能力，为后续步骤提供了更丰富的特征表达，从而产生更准确的边界检测结果。同理，BFE 模块在 S3、S4 和 S5 阶段的输出 B_3、B_4 和 B_5 可由式(4-11)重复计算得到。BFE 模块各阶段的输入和输出尺寸如表 4-10 所示。

BFE 模块各阶段的输入和输出尺寸 表 4-10

阶段	输入尺寸	输出尺寸
C1	512 ×512 ×64	512 ×512 ×1
S2	256 ×256 ×256	256 ×256 ×1
S3	128 ×128 ×512	128 ×128 ×1
S4	64 ×64 ×1024	64 ×64 ×1
S5	32 ×32 ×2048	32 ×32 ×1

对 C1 使用 1×1 卷积压缩通道数：

$$O_1 = \mathrm{Conv}_{1\times1}^{1}(\mathrm{C1}) \tag{4-12}$$

其次，对 BFE 模块输出的 ResNet 各阶段的特征图进行不同倍数的上采样。由于 ResNet 网络在后续阶段的特征图尺寸逐渐减小，为了将其恢复到与 C1 相同的大小，需要使用更大的上采样倍数。其可以描述为：

$$O_i = \mathrm{Upsample}_j(B_i) \tag{4-13}$$

其中，$i\in\{2,3,4,5\}$，与之对应的$j\in\{2,4,8,16\}$，即 $\mathrm{Upsample}_{16}(\cdot)$表示对输入进行 16 倍上采样。

进一步，本书以串联的方式对 O_1 和上采样得到的特征图进行拼接，可以用以下公式表示：

$$B = \mathrm{Concat}(O_1, O_2, O_3, O_4, O_5) \tag{4-14}$$

最后，为了获得边界输出，本书使用 1×1 卷积将 B 的通道压缩，这样可以有效减少计算量，降低计算成本，具体可以描述为：

$$O = \sigma(\mathrm{Conv}_{1\times1}^{1}(B)) \tag{4-15}$$

式中：O——边界分支的输出；

σ——Sigmoid 函数，它将输入映射到(0,1)之间。

3)特征融合

边界信息具有一定的局部性，而语义特征则更加全局和抽象。特征融合利用了高层语义特征和低层边界特征的互补性，将这两种特征相结合，更好地描述对象边界和提取语义信息，从而提高了实例分割掩码的准确性。因此，提出了一个特征融合模块，它的主要组件是全局注意力模块(GAM)，如图4-25所示，右上角实线框中是GAM的网络架构，GAM的设计目的是进行全局上下文感知和特征融合。具体来说，对于输入 B，首先使用两次卷积进行调整：

$$\begin{cases} B' = \mathrm{Conv}_{1\times1}^{256}(B) \\ B_i = \mathrm{Conv}_{n\times n}^{256}(B') \end{cases} \tag{4-16}$$

式中：$\mathrm{Conv}_{1\times1}^{256}$——卷积核大小为 1×1、通道数为256；

$\mathrm{Conv}_{n\times n}^{256}$——通道数为256、卷积核大小需要根据 ResNet 阶段来确定。

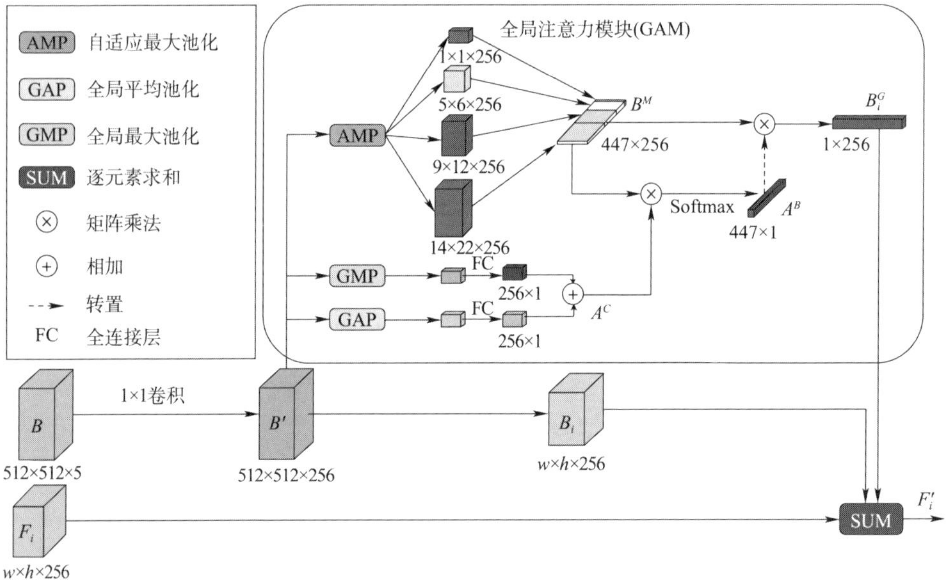

图4-25 特征融合模块结构

本书使用自适应最大池化捕获输入特征的多尺度信息，并对多尺度信息进行先展平后拼接的操作，以此来促进多尺度特征融合。这个过程可以表示为：

$$B^M = f_c(\mathrm{AMP}_j(B')) \tag{4-17}$$

式中：f_c——先展平后拼接操作，其作用是在空间维度上展开多尺度信息，并在通道维度上进行拼接；

AMP_j——不同的自适应最大池化结果，其中 j 表示不同尺度。

本书选择了一系列尺度，包括{1×1.5×6.9×12.14×22}，以确保在多个尺度上获取特征信息。同时，本书采用全局最大池化和全局平均池化的方法提取输入特征的全局信息，并将两种方法进行融合：

$$A^C = \mathrm{FC}(\mathrm{GMP}(B')) + \mathrm{FC}(\mathrm{GMP}(B')) \tag{4-18}$$

式中：FC——全连接层。

本书对三种池化操作的结果进行加权结合，并利用 Softmax 函数进行归一化处理。这个操作的目的是确定每个位置所获得特征的重要性，可以用下式表示：

$$A^B = \mathrm{Softmax}(B^M \otimes A^C) \tag{4-19}$$

尽管A^B反映了每个位置对于整体特征表示的重要性，但其不适合作为特征融合的输出。相反，本书用它来重新调整B^M：

$$B_i^G = (A^B)^{\mathrm{T}} \otimes B^M \tag{4-20}$$

式中：$\otimes$——矩阵元素相乘。

最终的融合特征可以表示为：

$$F_i' = \mathrm{sum}(F_i, B_i, B_i^G) \tag{4-21}$$

式中：F_i——FPN 网络的第 i 层的输出特征图，其中 $i \in \{2,3,4,5\}$；

sum——通道维度上逐元素求和。

通过特征融合，BGF 可以更好地利用全局和局部上下文，从而提高实例分割的准确性和鲁棒性。

4）损失函数

现介绍 BGF 训练过程中所使用的损失函数。BGF 是在 Mask R-CNN 模型的基础上引入了一个新的边界分支，因此，总的训练损失函数定义如下：

$$L = L_{\mathrm{cls}} + L_{\mathrm{box}} + L_{\mathrm{mask}} + L_{\mathrm{bou}} \tag{4-22}$$

式中：L_{cls}、L_{box}、L_{mask}——分类损失、边框回归损失和掩码分割损失，与原始 Mask R-CNN 保持一致；

L_{bou}——边界分支损失，受边缘检测的启发，本书将边界预测视为一个像素的分类问题。

因此，本书中 L_{bou} 使用 L_{b} 和 L_{dice} 的组合来表示，可以用下式描述：

$$L_{\mathrm{b}} = -\frac{1}{N}\sum_{i=1}^{N} \omega_i [y_i(1-\widehat{y_i}) + (1-y_i)\widehat{y_i}]$$

$$L_{dice} = 1 - \frac{2\sum_{i=1}^{N}(\widehat{y_i} \cdot y_i) + \varepsilon}{\sum_{i=1}^{N}\widehat{y_i}^2 + \sum_{i=1}^{N}y_i^2 + \varepsilon}$$

$$L_{bou} = L_b + \alpha L_{dice} \tag{4-23}$$

式中：N——图像中的像素数；

y_i、$\widehat{y_i}$——模型预测和真实标签；

ω_i——一个加权因子来平衡边界像素和非边界像素的影响；

ε——一个常数，用来避免被零除，本书将其设为1；

α——一个超参数，本书中将其设为1。

4.4.2 试验结果与分析

1）数据集与评价指标

为了验证BGF模型的有效性，采用评价指标AP、AP_{50}、AP_{75}、AP_S、AP_M、AP_L，以评估BGF在SUD2022和OSD重叠场景模态实例分割数据集，以及Cityscapes等公共数据集上的表现，不同于第4.3节的是本节额外使用边界精度AP^B来专门评估模型的分割掩码质量。

2）试验设置

BGF基于TensorFlow框架开发。在实现过程中，选择ResNet作为骨干网络，并使用ImageNet预训练权重对其进行初始化，其余层则采用随机初始化的方法。为了增强模型对边界信息的学习能力，本节利用PASCAL VOC Context数据集对边界分支进行了单独训练。在边界分支训练过程中采用了较小的学习率和随机梯度下降算法，以避免对预训练网络参数的过度调整，保持网络的原始特征提取能力。所有模型的训练均在4个NVIDIA GPU上完成。

训练策略方面，将初始学习率设为0.02，并在第30000次和第50000次迭代时分别采用了0.1和0.01的衰减因子对其进行调整。同时，权重衰减设为0.0001。对于Cityscapes数据集，batchsize设为4，最大为30000个迭代步骤，初始学习率设为0.004。在第20000次迭代时将学习率调整到0.0004，同时保留与MaskR-CNN试验中相同的超参数。

3）消融试验

为了深入研究每个组件在BGF中的作用，本书在COCO val2017和OSD数据集上进行了消融试验，分别分析BFE模块、GAM模块以及是否单独训练边界分支对模型性能的影响。表4-11显示了数据集上使用各个组件的试验结果，试验过程是在 Mask R-CNN 中分别加入各个组件。

在 COCO val2017 数据集上的消融试验 表4-11

骨干网络	BFE	Fusion	GAM	PVC	AP	AP_{50}	AP_{75}
ResNet-FPN	—	—	—	—	0.345	0.558	0.367
ResNet-FPN	√	—	—	—	0.345	0.558	0.367
ResNet-FPN	√	√	—	—	0.353	0.571	0.376
ResNet-FPN	√	√	—	√	0.361	0.583	0.382
ResNet-FPN	√	√	√	—	0.376	0.587	0.396
ResNet-FPN	√	√	√	√	**0.387**	**0.598**	**0.409**

注:1.粗体值表示试验最优结果。

2.符号"√"表示使用相应的组件,"—"表示不使用相应的组件;Fusion 表示使用特征融合;PVC 表示使用数据集单独训练边界分支。

如表4-11所示,第一行表示基准网络 Mask R-CNN 的分割结果,通过比较前两行的结果可以发现,单独加入 BFE 模块并不会显著影响 AP 值,这是因为提取的边界信息没有发挥作用,边界信息需进行融合后方可达到预期的效果。进一步比较第一行和第三行的结果发现,当将 BFE 和 Fusion 模块添加到 Mask R-CNN 时,评价指标略有提升,其中,AP、AP_{50}和 AP_{75}分别从34.5%、55.8%和36.7%提高到35.3%、57.1%和37.6%。然而,直接将 BFE 模块提取的特征与 FPN 网络输出的特征进行融合,由于它们之间的高度耦合,对性能的提升十分有限。为了克服这个问题,本书引入了 GAM 模块。从表4-11第五行可以发现,GAM 模块的加入显著提升了模型性能。与第三行结果相比,AP、AP_{50}和 AP_{75}分别从35.3%、57.1%和37.6%上升到37.6%、58.7%和39.6%。这表明,GAM 模块提取了多尺度的全局注意特征,可以更有效地与 FPN 网络的输出特征相融合,从而显著提升性能。

本书还研究了使用额外的数据集独立地训练边界分支对模型性能的影响。表4-11中的第三行和第六行均使用 PASCAL VOC Context 数据集单独训练边界分支。与第三行的结果相比,第四行的每个指标都有一定程度的提升。最显著的提升发生在第六行,将所有模块添加到 Mask R-CNN 中,并使用 PASCAL VOC Context 数据集单独训练边界分支,在 AP、AP_{50}和 AP_{75}获得了最佳性能,分别为38.7%、59.8%和40.9%。

4)试验结果

相关试验结果见表4-12~表4-14。

SUD2022 数据集上 BGF 和其他先进方法的性能对比试验结果　　表 4-12

方法	骨干网络	AP	AP_{50}	AP_{75}
Mask R-CNN	ResNet50-FPN	0.648	0.907	0.843
PANet	ResNet50-FPN	0.675	0.914	0.892
MS R-CNN	ResNet50-FPN	0.706	0.915	0.884
BMask R-CNN	ResNet50-FPN	0.713	0.918	0.895
AE-FPN	ResNet50-EnFPN	0.741	0.938	0.912
BGF	ResNet50-FPN	0.746	0.942	0.919
BGF*（本节）	ResNet50-FPN	0.751	0.956	0.922
Mask R-CNN	ResNet101-FPN	0.661	0.914	0.873
PANet	ResNet101-FPN	0.685	0.926	0.901
MS R-CNN	ResNet101-FPN	0.722	0.934	0.911
BMask R-CNN	ResNet101-FPN	0.730	0.927	0.914
AE-FPN	ResNet101-EnFPN	0.752	0.954	0.925
BGF（本节）	ResNet101-FPN	0.768	0.965	0.932
BGF*（本节）	ResNet101-FPN	0.772	0.971	0.935

OSD 数据集上 BGF 和其他先进方法的性能对比试验结果　　表 4-13

方法	骨干网络	AP	AP_{50}	AP_{75}	AP_S	AP_M	AP_L
Mask R-CNN	ResNet50-FPN	0.398	0.584	0.431	0.168	0.362	0.465
MS R-CNN	ResNet50-FPN	0.407	0.612	0.443	0.175	0.382	0.486
BMask R-CNN	ResNet50-FPN	0.411	0.619	0.446	0.181	0.384	0.491
PointRend	ResNet50-FPN	0.420	0.625	0.458	0.192	0.395	0.502
AE-FPN	ResNet50-EnFPN	0.434	0.631	0.467	0.213	0.416	0.524
BGF（本节）	ResNet50-FPN	0.446	0.64	0.473	0.204	0.425	0.533
Mask R-CNN	ResNet101-FPN	0.412	0.601	0.448	0.185	0.386	0.484
MS R-CNN	ResNet101-FPN	0.425	0.627	0.452	0.191	0.395	0.503
BMask R-CNN	ResNet101-FPN	0.426	0.625	0.457	0.194	0.402	0.506
AE-FPN	ResNet101-EnFPN	0.447	0.636	0.468	0.226	0.429	0.527
BGF（本节）	ResNet101-FPN	0.463	0.651	0.485	0.216	0.443	0.541

COCO test-dev 和 val 数据集上 BGF 和其他先进方法的性能对比试验结果 表 4-14

方法	骨干网络	AP	AP_{50}	AP_{75}	AP^{B}_{val}	AP_{S}	AP_{M}	AP_{L}
Mask R-CNN	ResNet50-FPN	0.346	0.565	0.366	0.212	0.154	0.363	0.497
MS R-CNN	ResNet50-FPN	0.358	0.565	0.384	0.231	0.162	0.374	0.510
BMask R-CNN	ResNet50-FPN	0.359	0.57	0.386	0.235	0.158	0.376	0.489
PointRend	ResNet50-FPN	0.363	—	—	0.237	0.151	0.378	0.503
AE-FPN	ResNet50-EnFPN	0.361	0.597	0.402	0.238	0.201	0.402	0.526
BGF(本节)	ResNet50-FPN	0.376	0.587	0.396	0.246	0.190	0.392	0.518
BGF*(本节)	ResNet50-FPN	0.387	0.598	0.409	0.253	0.198	0.403	0.537
Mask R-CNN	ResNet101-FPN	0.357	0.580	0.378	0.231	0.155	0.381	0.524
MaskLab	ResNet101-FPN	0.354	0.574	0.374	0.243	0.169	0.399	0.535
MS R-CNN	ResNet101-FPN	0.375	0.587	0.402	0.250	0.172	0.395	0.530
BMask R-CNN	ResNet101-FPN	0.377	0.593	0.406	0.252	0.174	0.398	0.532
AE-FPN	ResNet101-EnFPN	0.386	0.612	0.415	0.249	0.214	0.428	0.551
BGF(本节)	ResNet101-FPN	0.39	0.605	0.423	0.258	0.202	0.415	0.536
BGF*(本节)	ResNet101-FPN	0.408	0.612	0.434	0.268	0.208	0.431	0.564

4.5 防波堤护面层扭王字块分割方法对比

实例分割的代表性算法是 Mask R-CNN。在 Mask R-CNN 框架中，使用 ResNet 和 FPN 网络提取特征图。ResNet 从下而上提取特征，而 FPN 使用 ResNet 在自上而下的路径中提取的特征。然而，我们发现在装甲层图像中间的块被分割得很好，而那些在边缘的扭王字块被分割得不完全或不正确。此外，扭王字块分割与一般目标分割不同，扭王字块放置密集，且扭王字块之间的遮挡和重叠。先前的研究采用了两种方法来解决这些问题：一种方法是构建特征金字塔，将低层次的高分辨率特征与高层次的丰富语义信息相融合；另一种方法是通过增加分辨率来补偿小目标的损失。

通过分析 Mask R-CNN 的体系结构,设计了一种改进的 AE-FPN 方法,用于防波堤护面层破坏监测,其体系结构如图 4-13 所示。FPN 通过自下而上的过程提取高级语义特征,采用自上而下的过程使用线性插值对高级特征进行上采样,然后将它们与下一级特征横向连接起来。然而,在特征融合过程中,当通道数量减少时,FPN 会丢失一些语义信息,而融合两个语义信息差距较大的特征不可避免地削弱了多尺度特征的表达性。为了缓解这一问题,设计了 AE-FPN 来在 FPN 上执行局部语义信息增强。

防波堤护面层扭王字块在 SBD2021 上不同方法的分割结果如图 4-26 所示,其中奇数行说明了不同方法的分割结果,而偶数行表示局部放大的结果。

a) Mask R-CNN与ResNet50 b) Mask R-CNN与ResNet101 c) AE-FPN与ResNet50 d) AE-FPN与NesNet101

图 4-26 防波堤护面层扭王字块在 SBD2021 上不同方法的分割结果

如图 4-26 所示,虽然检测到了大多数块,但也忽略了少数块。在第一行中,扭王字块的分割效果从左到右不断提高。在 Mask R-CNN 下,实线框中的扭王字块没有被完全分割。然而,在我们提出的方法下,上述块被分割得很好。第三行显示了不完全块分割和重复检测的情况。因此,我们提出的方法已经被证明可以提高扭王字块分割精度,减少扭王字块的重复识别。

在重叠场景下实现了实例分割精度的显著提升,但在目标边界处理上仍面临着欠分割和过分割的问题。因此提出了基于边界信息引导的重叠场景实例分割方法,旨在提升分割精度的同时,保证分割掩码的质量。通过引入了一个专注于提取边界信息的新边界分支方法,该方法强化了边界定位的准确性,从而提高了掩码边界质量。为了评估分割掩码的边界质量,采用了边界 IoU 指标进行量化分析,如图 4-27所示。

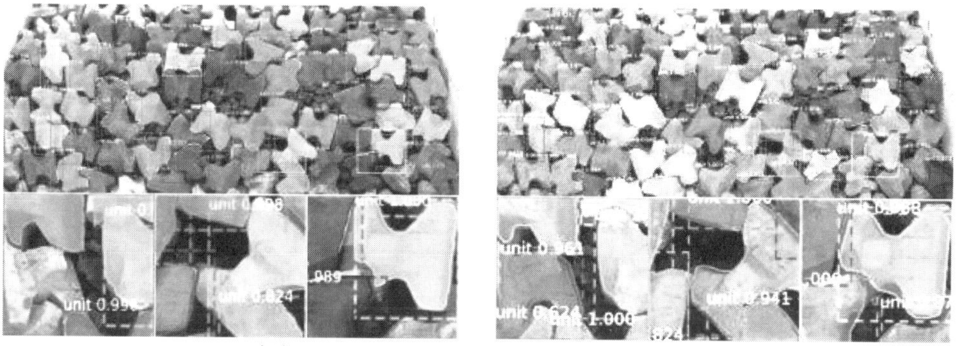

a) AE-FPN方法　　b) BGF方法

图 4-27　防波堤护面层扭王字块在 SBD2021 上采用不同方法分割 IoU 指标

4.6　防波堤护面层破坏区域监测算法

Vidal 等将防波堤护面层损伤的阈值定义为使护面层块体从其原始位置移动大于其公称直径的距离,此时防波护面层开始破坏。由于防波堤护面层的破坏区域都是不同的,以及破坏区域的图片并不足以构建一个防波堤破坏数据集,因此可通过分割每个块体和计算相邻块体之间的距离,来识别防波堤的破坏区域。因此,分割结果的准确性对于正确识别受损区域尤为重要。在完成块分割后,使用所有检测盒的长度和宽度的平均值和最大值作为块体公称直径的近似值。然后,将得到块体检测盒的左上角和右下角的坐标,通过计算分别得到检测盒的中心点和四个角的坐标。接下来,使用中心点坐标来对所有的检测盒进行排序。最后,计算两个相邻块之间的距离,如果大于块公称直径的 2 倍,则认为这两个块之间存在损伤区域。该算法的伪代码如图 4-28 所示。

在获得防波堤护面层扭王字块的分割结果后,利用破坏区域监测算法来进一步识别防波堤的破坏区域。该算法的目的是快速准确地找到防波堤护面层的破坏区域,并及时对防波堤的破坏进行预警,使技术人员能够做出相应决策,使损失最小化。图 4-29 显示了算法识别出的防波堤破坏区域,从图中可以看到,相邻扭王字块的距离大于阈值的区域自动使用圆形进行标记。

通过分析 Mask R-CNN 的体系结构,设计并改进的增强特征金字塔(AE-FPN)的重叠场景模态实例分割方法以及基于边界信息引导的重叠场景实例分割方法,用于智能识别防波堤护面层破坏监测的方法,提高扭王字块分割精度,减少扭王字块的重复识别。在获得防波堤护面层扭王字块的分割结果后,利用破坏区域监测算法来进一步识别防波堤的破坏区域。

Algorithm 1: Damage areas monitoring

Input: *List of detection box coordinates*$(L) = [[y_{1\_1}, x_{1\_1}, y_{2\_1}, x_{2\_2}], \cdots, [y_{n\_1}, x_{n\_1}, y_{n\_2}, x_{n\_2}]]$

Output: Coordinates of the circle center of the damaged areas (y, x),and the radius r

\# Step1: calculate the max (D_{max}) and average values (D_{mean}) of nominal diameter

for *all* $y_{i\_1}, x_{i\_1}, y_{i\_2}, x_{i\_2} \in L, i \in \{1, \cdots, n\}$ **do**

  $x_i \leftarrow (x_{i\_2} - x_{i\_1})$

  $y_i \leftarrow (y_{i\_1} - y_{i\_2})$

set max of all x_i, y_i to D_{max}, and set mean of all $(x_i + y_i)$ to D_{mean}

return D_{max}, D_{mean}

\# Step2: calculate the coordinates of the center and corners of the detection box

for *all* $y_{m\_1}, x_{m\_1}, y_{m\_2}, x_{m\_2} \in L, m \in \{1, \cdots, n\}$ **do**

  $c_m = (\frac{y_{m\_1} - y_{m\_2}}{2}, \frac{x_{m\_2} - x_{m\_1}}{2})$ // coordinate of center

  $c_{m\_1} = (y_{m\_1}, x_{m\_2})$ // coordinate of upper right corner

  $c_{m\_2} = (y_{m\_2}, x_{m\_1})$ // coordinate of lower left corner

  add $c_m, (y_{m\_1}, x_{m\_1}), c_{m\_1}, c_{m\_2}, (y_{m\_2}, x_{m\_2})$ to damage list L'

return L'

\# Step3: sorting detection boxes using coordinates

for $j \leftarrow 0$ **to** n **do**

  for $k \leftarrow 0$ **to** $n - j$ **do**

    if $L'[j+1][1] < L'[j][1]$ **then**

      swap $L'[j]$ and $L'[j+1]$

return a sorted list L' of detection boxes coordinates

\# Step4: Get the center coordinates of the detection boxes of the block whose distance between adjacent blocks is larger than D_{max} and D_{mean}, respectively

for *all* $c_m \in L'$ **do**

  Take a square box **S** with the coordinates of the bottom left corner as $[c_m[0] - 3 * D_{mean}, c_m[1] - 3 * D_{mean}]$ and the top right corner as $[c_m[0] + 3 * D_{mean}, c_m[1] + 3 * D_{mean}]$

  for *all* $c_n \in L'$ **do**

    find all $c_n \in$ S

    if *distance*$(c_m, c_n) > 2 * D_{mean}$ **then**

      add c_m and c_n to damage area list

return a damage area list **D**

\# Step5: calculate the center coordinates and radius of the damaged area

for *all* $c \in D$ **do**

  $y = \frac{c[0][0] + c[1][0]}{2}$

  $x = \frac{c[0][1] + c[1][1]}{2}$

  $r = \frac{distance(y, x)}{2}$

return all (y, x) and r

final

图 4-28 损伤区域监测算法伪代码

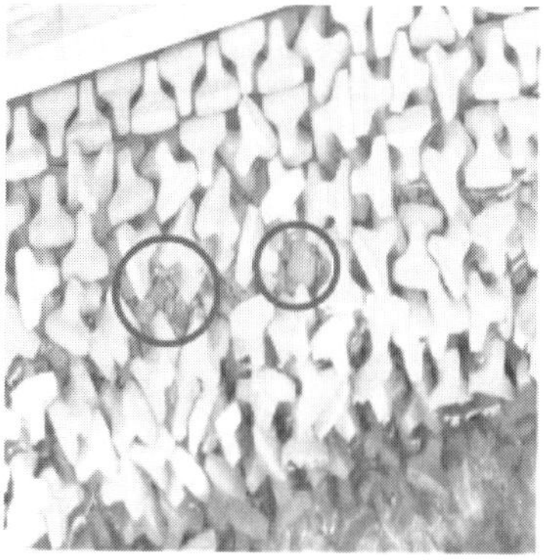

a)

b)

c)

图4-29 通过算法识别出的防波堤破坏区域

第5章　防波堤智能识别与健康监测系统

基于智能护面块体 Smart Block 的研发，实现了对防波堤护面块体的感知；基于无人机 + 无人船的一体化检测，实现了对防波堤整体结构的构建；基于防波堤护面块体破碎智能识别技术，实现了对防波堤护面结构破损部位和破损情况的精准识别。

根据防波堤功能属性和维护管理要求相适应的结构环境监测要素、传感器选型布设、数据采集传输方式、数据接收存储条件以及安全监测预警平台要求，构建形成涵盖港外和港内水文气象、防波堤结构等两个监测子系统的典型防波堤智能识别与健康监测系统。该系统整合了波浪数值模型、海流数值模型等计算模型，完成防波堤块体运动姿态传感器数据接收、计算模型间的数据传输、计算模型的自动调用、计算结果展示四个重要过程。

5.1　系统架构设计

典型防波堤智能识别与健康监测系统主要包含健康监测评估预警系统和自动化软件程序。

该系统主要用于接收 Smart Block 传输的护面块体姿态数据，转发姿态数据，设置数据过滤条件。该系统基于无人机 + 无人船一体化监测建立数字防波堤，实现防波堤水上、水下整体结构可视化；支持下载评估预警报告以及客户端交互功能；以运动姿态数据和护面块体可视化数据为基础数据，应用防波堤智能识别和健康监测技术，建立护面块体失稳破坏阈值，设置预警阈值。

自动化软件程序：实现各外海波浪、潮流等计算模型之间的数据传输、服务间相互调用以及数值模拟软件自动运行。

典型防波堤智能识别与健康监测系统架构设计如图 5-1 所示。

如图 5-1 所示，数据层的自动化调度中心集合了所有自动化软件程序，自动化软件根据各计算模型依托的商业软件制定不同的实现方案，详细如下：

(1) 对于支持命令行脚本语音的商业软件，考虑编写计算机底层 CMD 脚本实现自动化调用。

(2)对于支持 java api 或者 python api 方式的调用软件,采用对应语言编写自动化软件。

以波浪数值计算模型为例,本例涉及仿真软件 MIKE-21。根据调研结果,拟采用 Java 语言实现 MIKE-21 软件自动化调用。

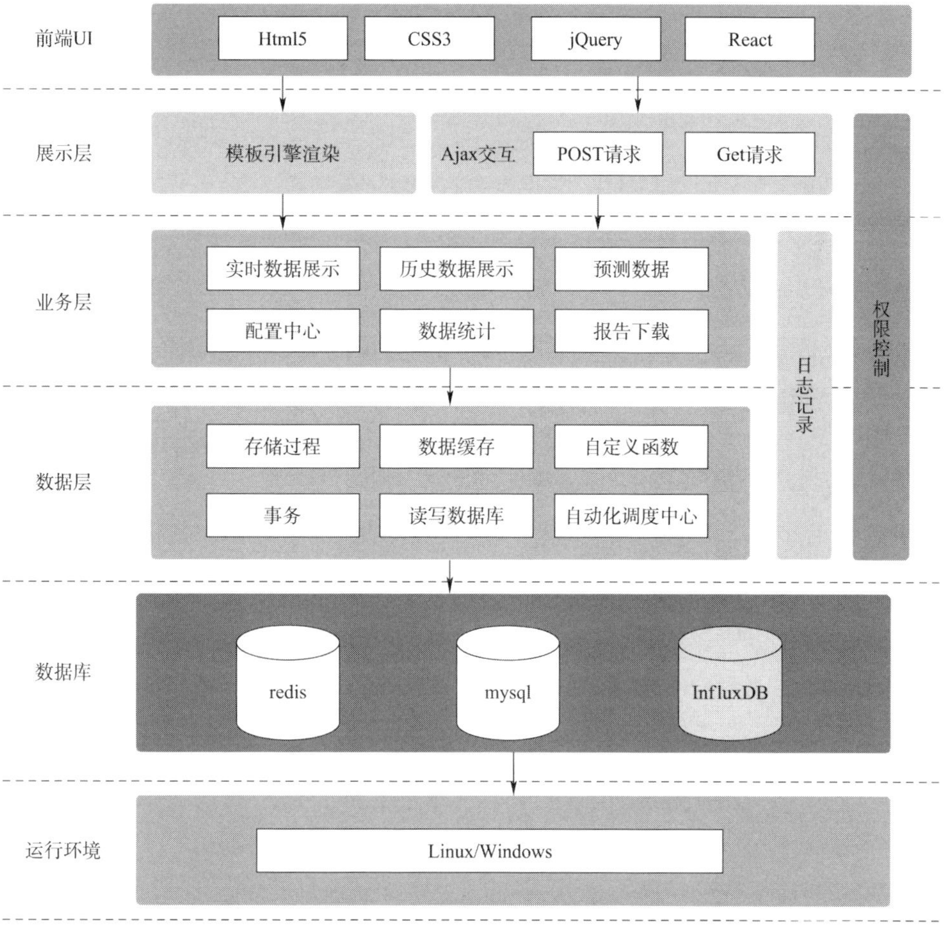

图 5-1 典型防波堤智能识别与健康监测系统架构设计

5.2 数据库设计

基于无人船+无人机一体化监测技术,上传防波堤三维结构数据,形成防波堤结构数据库;基于波浪、潮流数学模型形成中国海域水文数据库。为满足数据库高可靠性、高安全性、强扩展性及高性能等要求，典型防波堤智能识别与健康监测系统采用关系型数据库(MySQL)与非关系型数据库(InfluxDB、Redis)相结合的方式，来实现数据存储。MySQL用于存储软件平台关系型数据，InfluxDB用于存储频繁上报的传感器数据，Redis用于存储缓存数据。

5.3 功能设计

防波堤智能识别与健康监测系统功能如表5-1所示。

防波堤智能识别与健康监测系统功能　　表5-1

模块	子模块	功能点	功能描述
登录	登录	账号密码登录	账号密码校验及登录状态
		短信登录	手机号、短信校验及登录状态
中国海域图	地图可视化	地图可视化	以地球的形式显示某海域区域，且可放大、缩小、平移
		防波堤位置显示	防波堤位置标记，支持点击进入防波堤详情
	设备概览	设备图表	以柱状图的形式显示设备情况，且可根据外部环境、内部结构切换，显示设备情况
		设备列表	列表查看设备编号、类型、所在码头、状态及最后一次在线时间，且可滚动查看更多设备信息
	风	重现期时间轴	支持查看不同风的重现期，且鼠标在重现期的热力图上移动时，显示风速和方向
		重现期方向	支持以方向罗盘的形式来选择东西南北及西北西南、东北、东南8个方向的重现期
	波浪	重现期时间轴	支持查看不同风的重现期，且鼠标在重现期的热力图上移动时，显示风速和方向
		重现期方向	支持以方向罗盘的形式来选择东西南北及西北西南、东北、东南8个方向的重现期
	台风	台风筛选	支持选择年份及对应台风，且在卫星图片上显示台风趋势图
		台风路径信息列表	以时间逆序的顺序显示台风路径(显示时间、风速、移向字段)
	地震	位置可视化	在卫星图片上显示地震位置，不同震级和深度对应不同的颜色和大小，且点击位置可显示地震详细信息
	海啸	位置可视化	在卫星图片上显示海啸位置，且点击位置可显示海啸的详细信息

续上表

模块	子模块	功能点	功能描述
防波堤数据监测	地图可视化	地图可视化	以地球的形式显示某防波堤区域，且可放大、缩小、平移
		位置显示	智能护面块体传感器、防波堤、水深、岸线位置标记，点击查看对应详情
	图层	左侧图层	支持控制智能护面块体传感器、防波堤、水深、岸线是否在地图上显示
	监测传感器	添加/修改监测传感器	可在地图上拖动位置来添加/修改监测传感器，并且关联上传感器编号
		查看监测数据	点击监测站，可查看近1年、近1月、当日的监测数据，以及未来7天的预测数据
	防波堤	添加/修改防波堤	可上传kml文件来添加/修改防波堤
		查看防波堤信息	点击可打开防波堤三维模型
	岸线	岸线数据获取	历史岸线可获取5~10年的数据
		查看岸线	可在地图上逐个显示历史和预测岸线
	水深	数据获取	待定
		查看水深	可在地图上显示水深图
	三维模型	新建三维模型	支持对上传防波堤照片建模，并且关联对应区域内的传感器
		上传三维模型	支持对上传防波堤已有模型，并且关联对应区域内的传感器
		模型处理	对新建或上传的模型进行建模调度、转码处理
		模型可视化	模型可视化，可放大、缩小、平移、旋转操作
		监测数据	在不同日期，点击模型上的传感器，查看实时监测数据
			以不同日期的防波堤监测数据为依据，进行断面轮廓对比分析和结构稳定性监测
	海流	场域	显示历史、当前及未来的海流场域，且鼠标在场域上移动时，显示流速和方向
	波浪	场域	显示历史、当前及未来的波浪场域，且鼠标在场域上移动时，显示浪高和方向
	地震	位置可视化	在卫星图片上显示地震位置，不同震级和深度对应不同的颜色和大小，且点击位置可显示地震详细信息
	海啸	位置可视化	在卫星图片上显示海啸位置，且点击位置可显示海啸的详细信息
	输出报告	报告列表	列表显示生成中、已生成的报告，可在线查看及下载
			生成报告，触发算法进行报告生成

续上表

模块	子模块	功能点	功能描述
数据处理	卫星数据	历史数据获取、处理和上图	
	气象数据	历史数据获取、处理和上图	
	护面块体数据	历史数据获取、处理和上图	
硬件采购	工作站	数据量、计算量、算法模型等全部确定后，再确定所需配置	
其他	算法打通	打通相关的模拟分析算法	

5.4　监测子系统设计

1)港外和港内水文气象监测子系统

接入风、流、浪等港外和港内气象水文数据，在地图上进行切换展示，点击具体区域可显示当前区域气象水文数据详情，并利用先进的数学模型，计算得到各港区的风、浪、流全场的分布情况，点击流浪监测站，可查看浪流 24h 监测数据(图 5-2)。

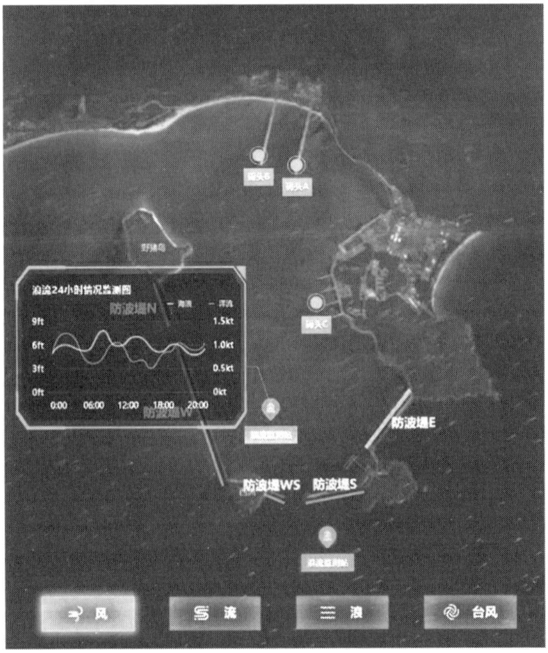

图 5-2　港外和港内水文气象监测子系统

2）防波堤监测子系统

三维模型主要包括防波堤和块体、胸墙等结构的单体化三维模型，可进行模型旋转、放大缩小、移动等操作。在三维模型中直观展示（图5-3）块体姿态传感器、沉箱振动传感器、胸墙沉降传感器的位置分布及状态（正常、失稳）。

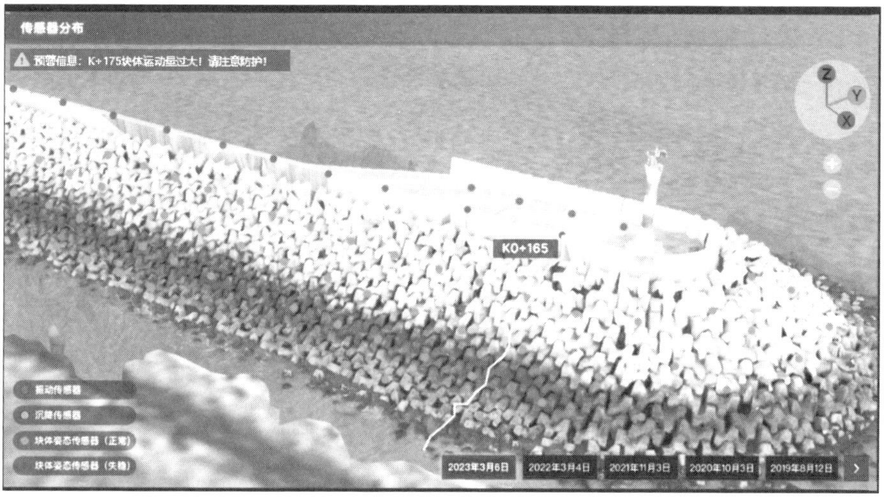

图5-3　防波堤三维展示

实时监测数据显示功能：在三维模型中选择姿态传感器，可查看该位置最近8h运动姿态的情况，包括传感器类型、传感器型号、传感器编号、传感器位置、三个方向的运动量、运动状态等是否正常（图5-4）。

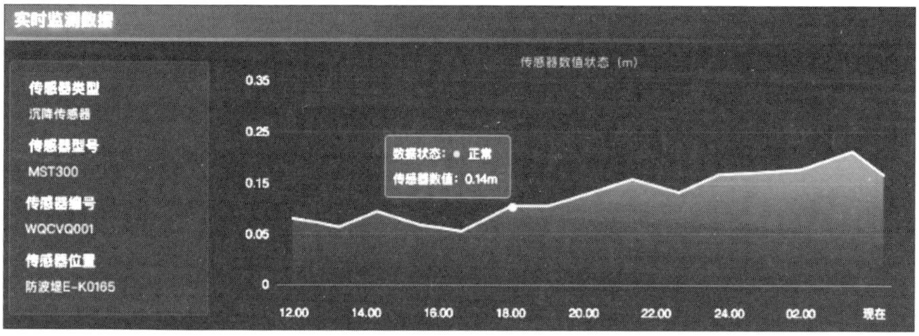

图5-4　实时监测数据显示功能

防波堤稳定性安全预警功能：分析最近一年各月份块体倾角变化率（°/h），展示块体 X、Y、Z 三个方向变化量（图5-5），可切换显示最近一年、两年、三年的分析数据,并结合实时的波浪监测数据,对护面块体的稳定性进行分析,对可能超过块体运动阈值的情况发布预警信息。

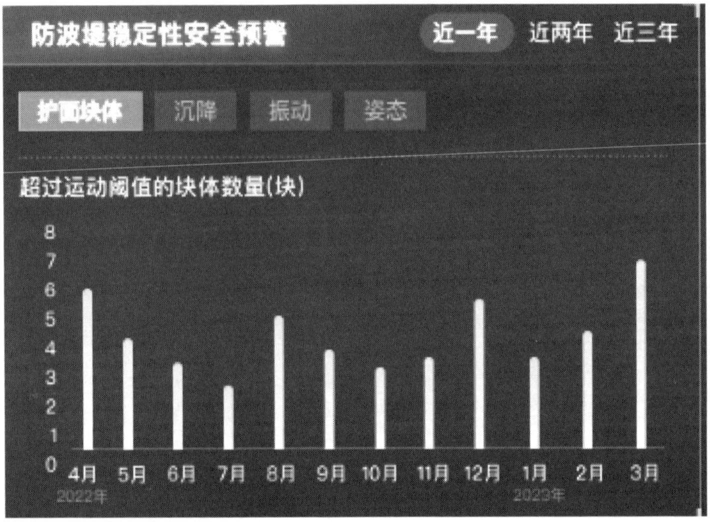

图 5-5　防波堤稳定性安全预警功能

参 考 文 献

[1] HUDSON R Y. Laboratory investigation of rubble-mound breakwaters[J]. Waterw. Harb. Div. 1959,85,93-121.

[2] THOMPSON D M,SHUTTLER R M. Riprap design for wind-wave attack,a laboratory study in random waves[J]. Wallingford report EX707 for CIRIA,1975.

[3] BRODERICK L L. Riprap stability versus monochromatic and irregular waves[J]. The Graduate School of Engineering and Applied Science of The George Washington University,1984.

[4] VIDAL C,LOSADA M A,MEDINA R. Stability of mound breakwater's head and trunk[J]. Journal of waterway,port,coastal,and ocean engineering,1991,117(6):570-587.

[5] 李翔,石琦. 融合光流与惯性传感器的扩展卡尔曼姿态滤波[J]. 电子测量技术,2021,44(17):88-92.

[6] 胡越,叶玮琼. 基于惯性传感器的长跑足部姿态检测算法[J]. 传感器与微系统,2021,40(11):135-138.

[7] 李江慧,连春快,李玉榕. 基于惯性传感器的穿戴式步态分析系统设计与实现[J]. 电气技术,2021,22(9):14-21,50.

[8] 舒恺,郭高鹏,张洁,等. 基于惯性传感器的电力线路杆塔倾斜监测装置设计[J]. 计算机测量与控制:1-8.

[9] 王佩英,邱霁玄,王欢,等. 微热对流式惯性传感器悬臂梁结构的优化与制备[J]. 微纳电子技术,2021,58(12):1108-1113.

[10] 王帅波. 惯性传感器获取动力学参数的研究进展[J]. 医用生物力学,2021,36(S1):378.

[11] YOUNG HYUN PARK,YOUNG-MIN OH,TAEK HEE HAN,et al. Development of a New Concrete Armor Unit for High Waves[J]. Journal of Coastal Research,2019,35(3).

[12] YEŞIM ÇELIKOĜLU,DEMET ENGIN. Placement effect on the stability of tetrapod armor unit on breakwaters in irregular waves[J]. China Ocean Engineering,

2017,31(6):747-753.
[13] DIAS M I, PRUDENCIN M I, BURBIDGE C, et al. Chemical and mineralogical patterns, and luminescence dating of miniature terracotta high-reliefs[J]. Conservar Património, 2014, 20.
[14] 李贺青,柳玉良,夏运强. 斜坡堤次护面块体的稳定性研究 I [J]. 水运工程, 2014(4):12-15, 39.
[15] 王帅,方爱东,蔡伟,等. 中英规范斜坡式防波堤护面块体设计对比研究[J]. 水运工程,2014(8):61-65.
[16] 钟雄华,陈国平,严士常,等. 不同摆放方式扭王字块体稳定性研究[J]. 水道港口,2016,37(5):479-483.
[17] 余建伟,刘守军. 中海达船载水上水下一体化三维移动测量系统[J]. 测绘通报,2013(7):119-120.
[18] SOUSA P J, CACHAÇO A, BARROS F, et al. Structural monitoring of a breakwater using UAVs and photogrammetry[J]. Procedia Structural Integrity, 2022, 37: 167-172.
[19] GONZÁLEZ-JORGE H, PUENTE I, ROCA D, et al. UAV Photogrammetry Application to the Monitoring of Rubble Mound Breakwaters. Journal of Performance of Constructed Facilities, 2016, 30(1), 04014194.
[20] 马柏辉,林力山. 利用航空摄影测量及多波束水文测量技术监测堆石防波堤及海堤[C]//中国水利学会,中国水利学会围涂开发专委会 2004 学术年会论文集. 2004:93-100.
[21] 胡健波,张飞. 基于无人机的防波堤巡检[J]. 水道港口, 2015, 36(4): 355-358.
[22] 刘亮,王平,邢建春,等. 实用新型防波堤结构安全监测系统[J]. 微型机与应用,2017,36(4):78-79,83.
[23] 刘亮,王平,邢建春,等. 基于图像处理的防波堤结构安全监测技术初探[J]. 微型机与应用,2017,36(12):75-77,83.
[24] 边志刚,王冬. 船载水上水下一体化综合测量系统技术与应用[J]. 港工技术, 2017,54(1):109-112.
[25] PINHEIRO P, LIN T, COLLOBERT R, et al. Learning to refine object segments [C]//European Conference on Computer Vision, 2016:75-91.
[26] LIU S, QI L, QIN L, et al. Path aggregation network for instance segmentation[C]// Proceedings of the IEEE Conference on Computer Vision and Pattern Recognition,

2018:8759-8768.

[27] HARIHARAN B,ARBELEZ P,GIRSHICK R,et al. Hypercolumns for object segmentation and fine-grained localization[C]//Proceedings of the IEEE Conference on Computer Vision and Pattern Recognition,2015:447-456.

[28] YILMAZ A,LI X,SHAH M. Contour-based object tracking with occlusion handling in video acquired using mobile cameras[J]. IEEE Transactions on pattern analysis and machine intelligence,2006,26(11):1531-1536.

[29] PAN J,HU B. Robust occlusion handling in object tracking[C]. In:2007 IEEE Conference on Computer Vision and Pattern Recognition,2007:1-8.

[30] LEE B,LIEW L,CHEAH W,et al. Occlusion handling in videos object tracking:A survey[J]. In:IOP conference series:earth and environmental science,2014,18(1):012020.

[31] GREENHILL D,RENNO J,ORWELL J,et al. Occlusion analysis:Learning and utilising depth maps in object tracking[J]. Image and Vision Computing,2008,26(3):430-441.

[32] MA Y,CHEN Q. Depth assisted occlusion handling in video object tracking[C]//In:International Symposium on Visual Computing,2010:449-460.

[33] ALI A,TERADA K. A framework for human tracking using kalman filter and fast mean shift algorithms[C]//In:2009 IEEE 12th International Conference on Computer Vision Workshops,2009:1028-1033.

[34] ZHAO J,QIAO W,MEN G. An approach based on mean shift and kalman filter for target tracking under occlusion[C]//In:2009 International Conference on Machine Learning and Cybernetics,2009,4:2058-2062.

[35] GUPTA,D,GAVVES E,SMEULDERS A. Tackling occlusion in siamese tracking with structured dropouts[J]. 2020,arXiv:2006. 16571.

[36] HE K,GKIOXARI G,PIOTR DOLLÁR,et al. Mask R-CNN[C]//Proceedings of the IEEE international conference on computer vision,2017:2961-2969.

[37] CHEN L,PAPANDREOU G,KOKKINOS I,et al. Deeplab:semantic image segmentation with deep convolutional nets,atrous convolution,and fully connected CRFs[J]. IEEE transactions on pattern analysis and machine intelligence,2017,40(4):834-848.

[38] LI K,MALIK J. Amodal instance segmentation[C]//Computer Vision-ECCV 2016:14th European Conference,Amsterdam,The Netherlands,October 11-14,

2016, Proceedings, Part II 14, 2016: 677-693.

[39] REN S, HE K, GIRSHICK R, et al. Faster R-CNN: towards real-time object detection with region proposal networks[J]. Advances in Neural Information Processing Systems, 2015: 91-99.

[40] LIU S, QI L, QIN L, et al. Path aggregation network for instance segmentation[C]// Proceedings of the IEEE Conference on Computer Vision and Pattern Recognition, 2018: 8759-8768.